AF894305

§ 952
DES BÜRGERLICHEN GESETZBUCHS

VON

DR. IUR. HANS POESCHEL

LEIPZIG
VERLAG VON VEIT & COMP.
1907

Leipziger juristische Inauguraldissertation

Druck von Metzger & Wittig in Leipzig.

MEINEM VATER

Inhalt.

I. Geschichtlicher Abriß.

II. Voraussetzungen des § 952 BGB. Abgrenzung des Begriffs: „Der über eine Forderung ausgestellte Schuldschein“.

III. Inhalt des § 952 BGB.

Literaturverzeichnis.

BARON, Pandekten. 7. Aufl. § 327. 1890.
BIERMANN, Das Sachenrecht des BGB. 2. Aufl. 1903.
COSACK, Lehrbuch des Deutschen bürgerlichen Rechts. 4. Aufl. 1904.
DERNBURG, Das bürgerliche Recht des deutschen Reichs. 1902—1905.
DERNBURG, Lehrbuch des preußischen Privatrechts. 3. bzw. 4. Aufl. 1884—1888.
DERNBURG, Pandekten. 6. Aufl. 1900.
ENDEMANN, Einführung in das Studium des BGB. 8. Aufl. 1903.
ENNECCERUS-LEHMANN, Das bürgerliche Recht. 2. Aufl. 1901.
Entscheidungen des Reichsgerichts in Zivilsachen.
FISCHER, Der Hypothekenbrief im neuen Rechte. Archiv für das bürgerliche Recht. Bd. 14 S. 233ff. 1898.
FISCHER-HENLE, Bürgerliches Gesetzbuch. 7. Aufl. 1906.
FÖRSTER-ECCIUS, Preußisches Privatrecht. 1897.
GIERKE, in GOLDSCHMIDTS Ztschr. f. Handelsr. Bd. 29 S. 254ff. 1884.
GOLDMANN-LILIENTHAL, Das BGB. systematisch dargestellt. 2. Aufl. 1903.
GRUCHOT, Beiträge zur Erläuterung des deutschen Rechts. Bd. 22 S. 757ff. (1878); Bd. 31 S. 902ff. (1887); Bd. 39 S. 421ff. (1895).
HAIDLEN, Bürgerliches Gesetzbuch. 1897.
HEDEMANN, Das Recht auf Rückgabe eines Schuldscheins (JHERINGS Jahrb. Bd. 48 S. 63ff.). 1904.
HEILFRON, Lehrbuch des bürgerlichen Rechts. 2. Aufl. 1900.
JACOBI, Die Wertpapiere im bürgerlichen Rechte des Deutschen Reichs. 1901.
JOSEPH, Die Unterzeichnung mit einem andern als dem richtigen Familiennamen (Arch. f. ziv. Praxis, Bd. 94 S. 465ff. 1903).
KOHLER, Zur Lehre von den Pertinenzen (JHERINGS Jahrb. Bd. 26 S. 124ff.). 1888.
LANDÉ, Das Bürgerliche Gesetzbuch für das Deutsche Reich. 1897.
LEHMANN, Lehrbuch des deutschen Wechselrechts. 1886.
LESKE, Vergleichende Darstellung des BGB. und des preußischen ALR. Bd. 1 S. 417. 1900.
Motive zu dem Entwurfe eines Bürgerlichen Gesetzbuchs. 1888—1896.
PETSCHEK, Über Eigentum an Briefen nach heutigem gemeinem Recht. Archiv f. d. bürgerl. Recht. Bd. 9 S. 85ff. 1894.

PFIZER, Dingliches Recht an Schuldscheinen. Anti-SEUFFERT. S. 208. IX. Fall. Abdr. aus Archiv f. ziv. Praxis Bd. 72, Heft 1. 1888.
PLANCK, Bürgerliches Gesetzbuch. 3. Aufl. 1906.
Protokolle der Kommission für die zweite Lesung des Entwurfs eines Bürgerlichen Gesetzbuchs. 1897—1899.
RAUTH, Der Inhalt des § 952 BGB. Leipzig. Diss. 1906.[1]
Recht.
Rechtsprechung der Oberlandesgerichte.
REHBEIN und REINKE, Kommentar zum preußischen ALR. 5. Aufl. 1894.
SEUFFERT, Archiv. Bd. 41 Nr. 317. 1886.
SIEGEL, Vorlegung von Urkunden im Prozeß. 1904.
STAUDINGER, Kommentar zum BGB. 1899—1903.
STOBBE-LEHMANN, Handbuch des deutschen Privatrechts. 3. Aufl. 1893—1900.
STROHAL, Das Sparkassenbuch im Sachenrecht (Das Recht. 1901. S. 158 ff.).
TURNAU-FÖRSTER, Liegenschaftsrecht. 3. Aufl. 1906.
UNGER, Österreichisches Privatrecht. Bd. 1 § 55. 5. Aufl. 1892.
VANGEROW, Pandekten. 7. Aufl. 1876.
WILMOWSKY-LEVY, Kommentar zur ZPO. 6. Aufl. 1892.

[1] Während der Niederschrift vom Verf. zur Kenntnis genommen.

In der rechtlichen Behandlung des Schuldscheins hat sich im Verlaufe der rechtsgeschichtlichen Entwicklung, dem Bedürfnisse des Verkehrs folgend, ein Prinzip durchgesetzt, das, bald durch mühsame Analogien dem System der sachenrechtlichen Grundsätze notdürftig angepaßt, bald als offenbarer Widerspruch gegen das Regelrecht empfunden, jedenfalls eine merkwürdige Besonderheit darstellt und aus sich selbst heraus begriffen werden will. Es ist dies der Grundsatz des dinglichen Gläubigerrechts am Schuldschein, der Grundsatz der rechtlichen Abhängigkeit der Schuldurkunde von dem Rechtsschicksal der in ihr verbrieften Forderung.

Dem deutschen Bürgerlichen Gesetzbuche war es vorbehalten, dieses Prinzip, dem Wissenschaft und Praxis die Anerkennung bereits nicht mehr versagen konnten, zum ersten Male gesetzgeberisch klipp und klar auszusprechen. Es bestimmt in

§ 952:

> „Das Eigentum an dem über eine Forderung ausgestellten Schuldscheine steht dem Gläubiger zu. Das Recht eines Dritten an der Forderung erstreckt sich auf den Schuldschein.
>
> Das gleiche gilt für Urkunden über andere Rechte, kraft deren eine Leistung gefordert werden kann, insbesondere für Hypotheken-, Grundschuld- und Rentenschuldbriefe."

Den Sinn und die Tragweite dieser Bestimmungen wollen wir mit den Mitteln juristischer Auslegung erfassen. Doch empfiehlt es sich, vorher den Entwicklungsgang, dessen Abschluß und Ergebnis unser Paragraph bildet, in seinen Grundzügen zu verfolgen.

I. Geschichtlicher Abriß.

1. Römisches und gemeines Recht.

Im römischen Rechte unterlag die Schuldurkunde als res corporalis wie andere Sachen den allgemeinen sachenrechtlichen Grundsätzen. Eigentümer des Schuldscheins war nicht derjenige, der ein überwiegendes rechtliches Interesse an ihrem Inhalt hatte, auch nicht derjenige, der, etwa durch Beschreiben, das wertlose Blatt zur bedeutsamen Urkunde erhoben hatte, sondern es war der, dem das Stück Pergament vor seiner Verwendung als Urkunde zu eigen gehörte. Wie für alles auf fremdes oder eigenes Material Geschriebene galten die Grundsätze der Akzessionslehre mit strenger Konsequenz auch für das Schulddokument: literae quoque licet aureae sint, perinde cartis membranisve cedunt, ac solo cedere solent ea, quae inaedificantur aut inseruntur.[1]

Die Härte und Unbilligkeit einer solchen Behandlung machte sich — abgesehen von Gemälden, wo man sich zu einer Ausdehnung der Spezifikationsgrundsätze verstand[2] — besonders bei schriftlichen Rechtsausweisen, Rechnungsbüchern und ähnlichen Urkunden über Rechtsverhältnisse geltend, die einen minimalen Materialwert für den Eigentümer des benutzten Stoffes, aber eine hohe Bedeutung als Beweismittel für denjenigen besitzen, auf dessen Rechte sich die genannten Urkunden beziehen. Beweismittel im Prozeß zu sein, war die einzige rechtserhebliche Funktion des Schuldscheins im römischen Rechte. Sollte nun der Inhaber eines Rechts seines Beweismittels verlustig gehen können, nur weil ihm nicht gerade das Stück Eselshaut gehörte, auf dem sein Recht verbrieft war? Schon früh entwickelte sich daher eine gewisse dingliche Rechtsbeziehung zwischen dem Inhaber eines Rechts und dem sein Recht betreffenden Instrumente. Ihm geradezu das Eigentum an der Urkunde zuzusprechen, lag kein ausreichender Grund vor: um ihm den urkundlichen Beweis seines Rechts im Prozesse zu ermöglichen, genügte es völlig, wenn man

---

[1] § 33 J. de rer. divis. (2. 1). l. 9 § 1 D. 41. 1.

[2] l. 23. § 3 D. de rei vind. (6. 1) 4.

dem Berechtigten einen gegen jeden Besitzer gerichteten Anspruch auf Vorlegung der Urkunde gab. Indem man ihm aber so, wenn auch zunächst nur für bestimmte Ausnahmefälle,[1] einen dinglichen Exhibitionsanspruch zugestand, stellte man ihn praktisch insoweit dem — sonst allein exhibitionsberechtigten — Eigentümer der Urkunde gleich. So wollte es die aequitas exhibitionis; denn aequum fuit, id quod mei causa confecit, meum quodammodo instrumentum mihi edi.[2]

Es leuchtet schon hier unverkennbar der fruchtbare Rechtsgedanke hervor, daß zwischen dem Inhaber eines Rechts und einer dies Recht betreffenden Urkunde ein rechtlicher Zusammenhang bestehen müsse, der gegebenenfalls gegen das zufällige Eigentumsrecht an dem benutzten Stück Papier siegreich durchdringt. Eine Fortbildung dieses rechtlichen Zusammenhangs zum dinglichen Vollrecht des Gläubigers an der Urkunde konnte aber auf dem Boden des römischen Rechts logischerweise nicht stattfinden; denn eben weil das römische Recht den Schuldschein und verwandte Urkunden nur als Beweismittel wertete, lag eine dringende Veranlassung für eine derartige Ausgestaltung des Exhibitionsrechts zum vollen Eigentumsrechte nicht vor. So nahm denn auch die Entwicklung innerhalb des römischen Rechts einen ganz andern Weg. Justinian empfand wohl das Bedürfnis, die Beweisfunktion der Urkunde für den Gläubiger in umfassendster Weise sicherzustellen, aber er wählte hierzu den Weg, bezüglich solcher Urkunden eine allgemeine Editionspflicht, gleichsam als Bürgerpflicht analog der allgemeinen Zeugnispflicht, aufzustellen.[3]

Dieses radikale Gesetz ist nicht glossiert worden und hat daher auf die weitere Rechtsentwicklung keinen Einfluß gehabt. Das gemeine Recht kehrte im allgemeinen auf den oben dargelegten Standpunkt in der Behandlung der Schuldurkunde zurück. Nicht hier also sind die geschichtlichen Wurzeln unseres § 952 BGB. zu suchen.

---

[1] Vgl. l. 3 § 14 D. ad exh. (10. 4); l. 48 D. de act. emt. vend. (19. 1); l. 52 pr. D. de act. emt. vend. (19. 1).

[2] l. 4 § 1 D. 10. 4.

[3] l. 22 C. de fide instrum. (4. 21), restituiert aus Basil. XXII. 1. 80 und Synops. Basil. VII. 18 (ed. Leunctav. p. 97).

2. Deutsches Recht.

Eine wesentlich andere Rolle als im römischen Rechte spielt die Schuldurkunde im deutschen Rechte. Hier belebt sich das tote Papier, hier entwickelt sich der Gedanke, daß die Inhabung gewisser Urkunden zur Ausübung der in ihnen verbrieften Rechte wesentlich ist, daß also an der Schuldurkunde nicht nur ihre Beweiskraft, sondern auch ihr Besitz für den Berechtigten Bedeutung hat, daß der Schuldbrief als solcher geradezu Vermögenswert für seinen Besitzer haben kann und daß daher normalerweise Brief und Recht in dieselbe Hand gehören. Diese deutschrechtliche Grundidee konnte sich in doppelter Form äußern und hat es getan; entweder man stellte den Satz auf: zur Forderung berechtigt soll derjenige sein, der die Urkunde hat, oder den umgekehrten: die Urkunde soll derjenige haben, der zur Forderung berechtigt ist. Die erste Gestaltung hat zur Ausbildung des Inhaberpapiers geführt und hat uns hier nicht weiter zu beschäftigen. Die andere weist den Weg zu unserm § 952.

Deutsche Partikulargesetzgebungen haben sich das Verdienst erworben, im Gegensatz zum römischen Rechte, den Bedürfnissen des Rechtslebens und der deutschen Rechtsanschauung folgend, die grundsätzlich straffere Gestaltung des rechtlichen Verhältnisses zwischen dem Inhaber eines Rechts und den Dokumenten seines Rechts anzubahnen und teilweise durchzuführen. Das ging nicht ab ohne eine Durchbrechung der allgemeinen Regeln des Sachenrechts. Um nun diese Abnormität zu veranschaulichen, sie gleichsam zu rechtfertigen, bediente man sich einer kühnen Analogie: man erklärte verschiedentlich die Urkunden — und zwar zunächst die Urkunden über Eigentum an Grundstücken, Nießbrauch, Pfandrecht, später aber auch solche über Forderungen — zu Pertinenzen der in ihnen dokumentierten Rechte. So

Frankfurter Reformation II. 3. § 19; Preußisches Landrecht I. 2, §§ 62, 63; Sächsisches Bürgerliches Gesetzbuch § 68; vgl. auch Züricher Gesetzbuch §§ 476, 477.

Der so entwickelte Satz: der Schuldschein sei eine Pertinenz der Forderung, bedeutet aber nichts anderes als dies: der Gläubiger der Forderung, der auch ganz unbefangen der Eigentümer der

Forderung genannt wird, ist zugleich auch Eigentümer der zur Forderung gehörigen Schuldurkunde.

Hauptsächlich die Literatur[1] und Praxis[2] des Preußischen Landrechts bildete den Gedanken der Zubehöreigenschaft der Urkunde im Verhältnisse zu dem Rechte, dem sie dient, weiter aus. Das vornehmlich im preußischen Rechte entwickelte Hypothekenrecht wird der eigentliche Sitz dieser Frage, das rechtliche Schicksal des Hypothekenbriefs, dessen Besitz zur Ausübung des Rechts erforderlich ist, das Kardinalbeispiel dafür. Doch fehlt es auch nicht an Autoren,[3] die die Auffassung des preußischen Rechts sogar auf das gemeine Recht übertragen und nun, da den hierher gehörenden, den Zwecken der Forderung dienenden und an ihr Schicksal gebundenen Schuldurkunden die Bedeutung eines Zubehörs zukomme, für sie die Bestimmungen der Quellen über Zubehör,[4] zumal über das unselbständige Rechtsschicksal akzessorischer Rechte und Zubehörungen bei der Zession des Hauptrechts, in Anspruch nehmen.

Es war nur selbstverständlich, daß die weitere deutsche Rechtsentwicklung im Reiche den bereits so vielseitig zur Anerkennung gelangten Grundsatz der Zugehörigkeit der Urkunde zu dem beurkundeten Rechte aufgriff und fortbildete.

§ 737 Abs. 2 der Reichszivilprozeßordnung vom 30. Januar 1877 (in der Fassung vom 20. Mai 1898 § 836 Abs. 3) lautet:

> „Der Schuldner ist verpflichtet, dem Gläubiger . . . die über die Forderung vorhandenen Urkunden herauszugeben. Die Herausgabe kann vom Gläubiger im Wege der Zwangsvollstreckung erwirkt werden."

Sowohl die Wissenschaft[5] als auch die Rechtsprechung[6] er-

---

[1] Vgl. u. a. Rehbein und Reinke, Anm. zu ALR. I. 11 § 395; Dernburg, Preuß. Privatrecht II. § 84; Gruchot, Beitr. 22 S. 757.

[2] Vgl. z. B. die Entscheidungen des Preuß. Obertribunals (Striethorsts Arch. Bd. 47 S. 149; Bd. 63 S. 79, 84; Bd. 70 S. 312; Bd. 74 S. 37; Bd. 93 S. 141; Bd. 97 S. 120; Bd. 99 S. 90).

[3] So Seuffert, Arch. Bd. 41 Nr. 317; Pfizer, Antiseuffert S. 208ff.

[4] Insbes. l. 6 § 23 D. de hered. vel act. vend 18. 4; c. 6. 7. C de O et A (4. 10); c. 14 C. de fidej. et mand. (8. 4).

[5] Wilmowsky-Levy, Anm. 2 zu § 737 ZPO., Seuffert.

[6] Entsch. des Reichsger. XXI. S. 364.

blicken in dieser Bestimmung eine vereinzelte gesetzliche Bestätigung des allgemein feststehenden Prinzips, wonach dem Schuldner gegenüber die Schuldurkunde als ein Zubehör der Forderung anzusehen sei. Damit war dem völligen Siege dieses Grundsatzes auf dem Wege der Analogie die Bahn geöffnet.

Der § 952 des Bürgerlichen Gesetzbuchs vom 18. August 1896 zog nur das Fazit der Entwicklung, indem er dem tatsächlich bereits voll bestehenden Zustande von Reichs wegen den gesetzlichen Stempel aufdrückte.

3. Entstehungsgeschichte des § 952.

Im Ersten Entwurf eines Bürgerlichen Gesetzbuchs suchen wir einen dem § 952 entsprechenden Rechtssatz vergeblich. Doch findet sich im Hypothekenrecht eine Bestimmung, nach der das Eigentum am Hypothekenbriefe dem Hypothekenrechte selbst folgen soll. § 1109 Abs. 1 des I. Entwurfs lautet:

> „Das Eigentum an dem Hypothekenbriefe steht dem jeweiligen Gläubiger zu; es ist untrennbar mit dem Hypothekenrechte verbunden."

Die Motive gehen davon aus, der an sich naheliegende Gedanke, die Herstellung des Hypothekenbriefs den Grundsätzen der Spezifikation zu unterwerfen und die fertige Urkunde wie jede andere res corporalis zu behandeln, sei von der Hand zu weisen, da auf diese Weise das Eigentum am Hypothekenbriefe auf jemand übergehen könnte, der zur Herausgabe des Briefes an den Gläubiger nicht verpflichtet wäre, obschon die Urkunde für ihn keinen andern Wert hätte als den des beschriebenen Stücks Papier, d. h. so gut wie gar keinen. Das geeignetste Mittel, dies zu verhüten, geeigneter noch als eine in rem skribierte Herausgabepflicht des Inhabers der Urkunde an den Gläubiger, sei eine gesetzliche Verbindung von Recht und Urkunde.

Schon die Motive erkennen an, daß der Gedanke, auf welchem die angeführte Bestimmung beruht, für jede vom Schuldner über seine Schuld ausgestellte Urkunde zutreffe; doch lehnen sie es ab, eine entsprechende allgemeine Regel aufzustellen; die Praxis werde sich schon mit Analogie zu helfen wissen.

Gerade gegen diese Annahme der Motive wandte man sich in der Kommission für die zweite Lesung des Entwurfs. Es sei im Gegenteil zu befürchten, daß die Praxis aus der vereinzelten Bestimmung des § 1109 Abs. 1 ein argumentum e contrario ziehen und so den bereits allgemein anerkannten Grundsatz, daß das Recht an der über eine Forderung ausgestellten Urkunde dem Gläubigerrechte folge, wieder außer Anwendung kommen lassen werde. Demnach sei der dem § 1109 Abs. 1 zugrunde liegende Rechtsgedanke ausdrücklich auf alle Schuldscheine über Forderungsrechte, soweit sie nicht Inhaberpapiere sind, auszudehnen. Freilich sei nur eine dispositive Vorschrift am Platze, da es sehr wohl der Wille der Beteiligten sein könne, am Schuldscheine auch einmal ein vom Gläubigerrechte getrenntes Recht zu begründen, und die Rechtsordnung sehr wohl eine derartige Disposition anerkennen könne. Man schnitt daher unsern Paragraphen, im II. Entwurfe § 867, in seiner Formulierung allgemein auf Schuldscheine zu und hängte ihm im Absatz 2 noch die ausdrückliche Bestimmung an, daß er auch für Hypotheken-, Grundschuld- und Rentenschuldbriefe gelten solle. So ist, historisch angesehen, der erste Absatz unseres Paragraphen das Kind des zweiten, — logisch betrachtet — der zweite Absatz die Ausgeburt des ersten.

Etwas wesentlich Neues will der so zustande gekommene § 952 gegenüber der bereits festgestellten Rechtsentwicklung also nicht bringen. Eine selbständige Stellung nimmt er nur insoweit ein, als er nicht den Versuch macht, der Schuldurkunde in ihrem Verhältnisse zur Forderung den Zubehörbegriff aufzuzwängen. Und das mit Recht. War doch dem zu regelnden Verhältnis durch jene erkünstelte Subsumtion nichts genützt: maßgebend für seine Normierung blieb vernünftigerweise allein das Bedürfnis des Verkehrs, nicht eine hergeholte Kategorie. Dem Pertinenzbegriff aber war durch jene Prokrustesoperation erheblich geschadet worden. Sollte er seine erst von der neueren Wissenschaft[1] wieder hergestellte Straffheit und innere Folgerichtigkeit nicht

[1] Vgl. Unger, Öster. Priv.-Recht I. § 55 S. 437; S. 457 Anm. 70. Kohler, Jahrb. f. d. Dogm. 26 S. 124ff.

zugunsten einer unklar gedachten Verallgemeinerung einbüßen, so mußte er auf das Verhältnis von körperlichen Sachen zueinander (vgl. §§ 97, 98 BGB.) beschränkt bleiben. So verzichtete man bei der Formulierung des Paragraphen auf den hergebrachten Ausdruck „Zubehör".

Das Bürgerliche Gesetzbuch behandelt demnach das in Frage kommende Verhältnis einer Urkunde zu einem Rechte als eine nicht weiter zu klassifizierende Sondererscheinung, behält sich aber in seiner rechtlichen Ausgestaltung die unverkennbar rechtsähnliche Anwendung der Zubehörgrundsätze vor.[1]

Ihren Platz hat die ganz singuläre und daher schwer unterzubringende Bestimmung im Sachenrecht, 3. Buch des Bürgerlichen Gesetzbuchs, unter dem 3. Titel „Erwerb und Verlust des Eigentums" gefunden, und zwar ist sie dem III. Unterabschnitt, der von „Verbindung, Vermischung, Verarbeitung" handelt, als § 952 angehängt.

Die Überschrift umfaßt sie eigentlich nicht mit. Unzutreffend ist es auch, wenn man ihr, wie einige Autoren[2] tun, nur als einer Ausnahme von § 950 (Spezifikation) ihren Platz an dieser Stelle zuerkennen will. Vielmehr ist zu sagen, daß der generelle Rechtsgedanke, der die ganze Gruppe zusammenhält, auch dem § 952 zugrunde liegt, der Gedanke nämlich, daß aus Gründen wirtschaftlicher Zweckmäßigkeit beim Konflikte verschiedener auf dieselbe Sache bezüglicher Rechte in gewissen Fällen das wertvollere, edlere Recht (so z. B. das Recht am Grund und Boden, das Recht des Bildhauers an seinem Kunstwerke, das Forderungsrecht des Gläubigers) gegenüber dem Inhaber des in concreto minder wertvollen, wenn auch an sich absoluten Rechts (so des Eigentums am Saatkorn, des Eigentums am Marmorblock, am beschriebenen Papier) mit einer ipso jure wirkenden Expropriationsfunktion auszustatten ist. Die merkwürdige Stufenleiter innerhalb der Gruppe ist die: bei der Verbindung, Vermischung (§§ 946 bis 949) siegt Eigentum über Eigentum; bei der Verarbeitung, Umbildung (§ 950) unterwirft sich eine Art „geistiges Eigentum"

---

[1] Vgl. S. 26, 42.

[2] Z. B. Staudinger; ähnlich wie hier Planck.

das dingliche Recht; bei der Rechtsverbindung des § 952 macht gar ein bloßes obligatorisches Recht das Sachenrecht zu seinem Trabanten.

II. Voraussetzungen des § 952 BGB. Abgrenzung des Begriffs: „Der über eine Forderung ausgestellte Schuldschein".

I. Schuldschein.

Der Schuldschein ist ein „Schein", eine Urkunde, und zwar, wie alle „Urkunden" unseres Rechts, Schrifturkunde: ein in Schriftzeichen materialisierter Gedanke. Die Art der Schrift (Kurrent, Stenographie, Chiffern) und des benutzten Materials tun an sich nichts zur Sache; doch ist zur Vermeidung widersinniger Schlußfolgerungen zu beachten, daß unser Paragraph wie jedes vernünftige Gesetz zunächst nur den in der ungeheuern Mehrzahl überwiegenden Normalfall, also hier den der papiernen Urkunde im Auge hat und auf ein Monstrum von Schuldschein, dem etwa die kahle Brandmauer eines Palastes zur Folie dient, nicht gemünzt sein will.

Der Schuldschein ist Schein über eine „Schuld" oder über eine Forderung; auf den Gesichtspunkt kommt nichts an, die Sache ist dieselbe. Ein Gläubiger und ein Schuldner gehören jedenfalls dazu. Der landläufige Sprachgebrauch, der den Begriff des Schuldscheins eng und unbestimmt faßt, kann nicht maßgebend sein. Grundsätzlich will der § 952 alle Urkunden treffen, laut deren ein Gläubiger etwas von einem Schuldner zu fordern hat. Kann auf Grund einer Urkunde nichts gefordert werden, so fällt sie nicht unter unsern Rechtssatz; es scheiden also aus Urkunden, die nur über Eigentums- und familienrechtliche Verhältnisse (z. B. schriftliches Vaterschaftsanerkenntnis), Erbrechte (Testament, Erbschein) oder andere Tatsachen (Quittung) Auskunft geben. Jedoch soll nach der positiven Bestimmung in Abs. 2 des § 952 der Begriff des Schuldscheins im Sinne dieses Paragraphen sich auch auf solche Papiere erstrecken, die nicht direkt über eine Forderung, sondern über ein anderes Recht lauten, kraft dessen eine Leistung gefordert werden kann, also etwa über Pfand- oder Mitgliedsrechte.

Der Schuldschein ist endlich ein privatrechtliches Schriftstück. Es bedarf kaum besonderen Hinweises, daß für Urkunden des öffentlichen Rechts (Niederschrift des Kaufvertrags zwischen dem Deutschen Reiche und Spanien über die Karolinen, Anstellungsdekret eines besoldeten Staatsbeamten) unsere zivilistische Norm keine Geltung hat.

2. Die Schuldscheine des § 952 BGB.

Übersicht.

Die Urkunden, laut deren etwas gefordert werden kann, ordnen sich nach der Verschiedenartigkeit ihres Inhalts und des Zusammenhangs, der zwischen dem Dokumente und dem in ihm verbrieften Forderungsrechte bestehen kann, in folgende Klassen:

A. Beweispapiere.

Die Urkunde ist nur zu dem Zwecke bestimmt, das Vorhandensein der Forderung zu beweisen. Entstehen und Bestehen der Forderung ist völlig unabhängig von der Urkunde, kann auch durch jedes andere Beweismittel dargetan werden.

Beispiel: Die gewöhnliche „Obligation“, etwa Darlehnsschuldschein, das schriftliche Schuldversprechen eines Vollkaufmanns. Diese Klasse unterfällt in erster Linie dem § 952.

B. Konstitutive Schuldurkunden.

Hier ist die Ausstellung der Urkunde kraft positiver Gesetzesbestimmung zur Begründung der Forderung wesentlich. Die einmal begründete Verbindlichkeit aber besteht auch hier unabhängig von dem Papier. Dieses spielt weiterhin auch hier nur die Rolle, zu beweisen, daß die Forderung in der gesetzlich vorgeschriebenen Form entstanden ist.

Beispiele in den §§ 81, 566, 581, 761, 766, 780, 781 BGB. Die Bestimmung unseres § 952 hat auch für diese Fälle ihre Gültigkeit.

C. Wertpapiere.

Die Urkunde ist in erster Linie zur Geltendmachung der in ihr verlautbarten Forderung bestimmt.

1. Eigentliche Wertpapiere: Das Papier verkörpert das Recht; ein selbständiges Forderungsrecht außerhalb des Papiers existiert nicht.

a) Inhaberpapier (§§ 793 ff. BGB.). Das Wesen des Inhaberpapiers ist, daß es denjenigen zur Forderung legitimiert, dem das Eigentum an der Urkunde zusteht; nur aus der „Inhabung" des Papiers, in dem das Forderungsrecht für den Verkehr geradezu zur Sache geworden ist, fließt die Gläubigerschaft. Daraus ergibt sich von selbst die Unanwendbarkeit des § 952. Vielmehr gilt für die Inhaberpapiere statt des Satzes: „Das Recht am Papiere folgt dem Rechte aus dem Papiere", der umgekehrte: „Das Recht aus dem Papiere folgt dem Rechte am Papiere."

Inhabergrundschuldbriefe und Inhaberaktien bilden keine Ausnahme. Orderpapiere mit Blankoindossament stehen Inhaberpapieren gleich (vgl. §§ 1362, 1381 BGB.). Ebenso die Verpflichtungszeichen des § 807 BGB. (Fahrkarten, Theaterbillets, Speisemarken).

b) Orderpapiere. Was die nicht mit Blankoindossament versehenen Orderpapiere, insbesondere Wechsel, anlangt, so herrscht Meinungsverschiedenheit in der Literatur. Die einen Autoren,[1] die das Orderpapier zu den Urkunden des § 952 rechnen, gehen offenbar davon aus, daß die Gläubigerschaft hier nicht, wie beim Inhaberpapier, durch einen rein sachenrechtlichen Vorgang, sondern durch den besonders gearteten Wechselakt begründet wird, und sie erblicken im Wechselakte in erster Linie eine obligationenrechtliche Begründung oder Übertragung der Forderung, die das Eigentum an der Wechselurkunde nur als ihre untrennbare Begleiterscheinung mit sich bringt. Die gegenteilige Meinung, die man als die herrschende bezeichnen kann,[2] faßt dagegen den Wechselakt in erster Linie als die an besondere gesetzliche Form gebundene Begründung bzw. Übertragung des Eigentums am

---

[1] U. a. Rauth.

[2] Planck, Biermann, Enneccerus-Lehmann, Goldmann-Lilienthal.

Wechsel auf; nach ihr zieht nicht die Wechselforderung das Eigentum, sondern das wechselmäßig begründete Eigentum die Wechselforderung nach sich. Diese Ansicht[1] führt folgerichtigerweise dazu, die Orderpapiere von der Geltung des § 952 BGB. auszuschließen.

Von praktischer Erheblichkeit ist diese Differenz nicht. Schon auf Grund des Wechselaktes ist das Recht aus dem Orderpapier und das Recht am Orderpapier stets in einer Hand vereinigt. Das entspricht der Vorschrift des § 952, würde aber auch der Fall sein, wenn diese besondere Bestimmung nicht existierte.

c) Rektapapiere. Die Namenspapiere werden, soweit sie echte Wertpapiere sind, mit Recht fast allseitig für den § 952 in Anspruch genommen. Doch verliert auch hier die immerhin diskutable Frage, ob in dem Verhältnisse von Recht und Urkunde dem Forderungsrechte oder dem dinglichen Rechte am Papier die primäre, führende Rolle zuzusprechen ist, ihre praktische Bedeutung dadurch, daß eine gesonderte Zession des Forderungsrechts ohne gleichzeitige Tradition des Papiers rechtlich ausgeschlossen ist, für die schriftliche Anweisung des BGB. durch die ausdrückliche Bestimmung des § 792; im übrigen vgl. Entscheidungen des Reichsgerichts in Zivilsachen Bd. 3 S. 329. Nicht angängig dürfte es sein, für die theoretische Einordnung der Rektapapiere maßgebende Schlußfolgerungen zu ziehen aus der einzig vom praktischen Bedürfnis diktierten Bestimmung der §§ 808, 821 ZPO., wonach die Pfändung im Wege der Zwangsvollstreckung auch bei Rektapapieren durch Wegnahme der Urkunde erfolgt.

Beispiele: Rektawechsel, Handelspapiere nach § 303 HGB., denen die Orderklausel fehlt, Inhaberpapiere, die auf bestimmte Namen umgeschrieben sind, Anweisung des BGB.

2. Legitimationspapiere, „hinkende Rektapapiere“: Das Papier ist zwar nicht Träger eines unlöslich mit ihm verbundenen Forderungsrechts, insbesondere erfolgt die Übertragung des Rechts unabhängig von der Übergabe der Urkunde im Wege der

[1] Vgl. u. a. Lehmann, Gierke.

gewöhnlichen Zession, doch wird ihre Präsentation zur Geltendmachung des Forderungsrechts verlangt. Hier steht der Anwendung des § 952 nichts im Wege.

Beispiele: Vor allem das Sparkassenbuch, aber auch Lebensversicherungspolicen, Postablieferungsscheine (Reichspostgesetz vom 28. Oktober 1871, §§ 48, 49).

3. Die sachenrechtlich unvollkommenen Rektapapiere: Hypothekenbrief, Grundschuldbrief und Rentenschuldbrief — aber natürlich nicht Grund- und Rentenschuldbriefe auf den Inhaber. Sie gehen über den Kreis sämtlicher bisher genannter Urkunden insofern hinaus, als sie nicht wie jene in erster Linie über ein Forderungsrecht, sondern über ein Pfandrecht, also ein dingliches Recht, lauten, aber über ein dingliches Recht, kraft dessen eine Leistung gefordert werden kann. Um dieser Besonderheit willen vermeidet das Gesetz es, die genannten Grundstückspfandbriefe geradezu als Schuldscheine zu bezeichnen, und hält es für nötig, ausdrücklich hervorzuheben, daß § 952 auch für sie gelten solle (Abs. 2). Freilich ist, wie bereits angedeutet, anzunehmen, daß sich auch ohne diese besondere Feststellung im Absatz 2 die analoge Anwendung des Absatz 1 des § 952 auf Grundstückspfandbriefe wahrscheinlich sicherer von selbst aufgedrängt hätte, als umgekehrt, wenn etwa der ursprüngliche § 1109 Abs. 1 des I. Entwurfs, der nur auf den Hypothekenbrief gemünzt war, stehen geblieben wäre.

4. Mitgliedspapiere. Auch sie beurkunden zunächst Rechte, die ihrem Wesen nach nicht Forderungsrechte sind, aus denen sich aber Forderungsrechte ergeben.

Beispiel: Namensaktie (natürlich nicht Inhaberaktie), Namenskux. Es ist kein Grund einzusehen, diese Papiere aus dem Kreise der Urkunden des § 952 BGB. zu streichen.

3. „Forderung".

Über eine Forderung muß die Urkunde lauten, wenn sie für den § 952 BGB. in Frage kommen soll. Ob kraft obligatorischen Vertrags oder auf Grund unerlaubter Handlung oder kraft dinglicher Berechtigung gefordert werden kann, ist gleichgültig. Vorausgesetzt werden muß nur, daß die Forderung nicht eine Nicht-Forderung ist, daß sie also rechtswirksam besteht. Wenn dies nicht der Fall ist, kann auch kein Schuldschein, sondern höchstens der Schein eines Schuldscheins vorhanden sein.

a) Ist die beurkundete Forderung von Anfang an nichtig oder ist sie mit Erfolg angefochten, so kann die Urkunde keinem Gläubiger gehören, weil ein Gläubiger nicht existiert. Es greifen also bezüglich des Eigentumserwerbs an einem solchen beschriebenen Stück Papier die allgemeinen Grundsätze Platz.

b) Dasselbe gilt für den Fall, daß die Forderung zu der Zeit, da die Urkunde ausgestellt ist, noch gar nicht entstanden ist, z. B. wenn der Arbeitgeber ein Formular über die Lohnansprüche eines Arbeiters ausfüllt, ehe noch der Arbeitsvertrag mit diesem geschlossen ist, oder wenn ein Darlehnsschuldschein vor Empfang der Darlehnssumme unterschrieben wird. Auch hier liegt noch kein Schuldschein vor, weil noch niemand etwas zu fordern hat.

c) Wenn endlich eine Forderung zwar wirksam entstanden, dann aber z. B. durch Erfüllung erloschen ist, so fehlen für die Bescheinigung einer solchen erledigten Forderung gleichfalls die Voraussetzungen des § 952 BGB. Wir werden uns damit weiter unten noch zu beschäftigen haben.

Eine Ausnahme von diesen Regeln ist naturgemäß beim Hypothekenbrief gegeben. Denn da dieser sich in erster Linie auf das dingliche Recht bezieht, das dingliche Recht aber auch gelegentlich ohne Forderung bestehen kann — nämlich in den Fällen, wo die Hypothek zur Eigentümergrundschuld wird —, so gelten hier besondere Grundsätze, von denen später die Rede sein wird.

4. „Eine" Forderung.

a) Sind auf demselben Blatte mehrere Forderungen beurkundet, die einem und demselben Gläubiger zustehen, so ist die Urkunde natürlich erst recht Eigentum des einen Gläubigers und bleibt es auch, wenn eine der Forderungen durch Erfüllung, Anfechtung oder anders wegfällt.

b) Steht die eine verbriefte Forderung mehreren Gesamtgläubigern gemeinsam zu, so haben sie Miteigentum an dem Papiere — ein selten beachteter Fall des Miteigentums zu gesamter Hand.

c) Stehen mehrere Forderungen, die auf demselben Blatte beurkundet sind, je verschiedenen Forderungsberechtigten zu, so haben sie an dem Papiere Miteigentum zu Bruchteilen, über die sie unabhängig voneinander in der Form der Forderungsabtretung indirekt verfügen können.

Dasselbe Verhältnis entsteht, wenn der ursprünglich alleinige Gläubiger seine Forderung teilweise abtritt: der Zessionar wird Miteigentümer.[1] Nicht anders ist es, wenn z. B. eine hypothekarisch gesicherte Forderung geteilt wird (§ 1152 BGB.): solange noch nicht Teilhypothekenbriefe ausgestellt sind, haben sämtliche Teilgläubiger Miteigentum an dem alten Hypothekenbriefe.

d) Ein Miteigentum am Schuldschein wird man auch dann annehmen müssen, wenn über gegenseitige Forderungen eine einzige Urkunde ausgestellt ist; denn die Voraussetzung, die zum Eigentum am Papier legitimiert, liegt bei beiden Beteiligten in gleichem Maße vor: jeder ist Gläubiger des andern aus dem Papiere. Beispiel: Von beiden Parteien unterzeichnete Urkunde über einen Kaufvertrag.

e) Stehen auf einem und demselben Blatt noch andere wesentliche Dinge gleichviel welchen Inhalts, so ist das Papier nicht nur Schuldschein, kann also auch nicht glatt unter § 952 BGB. fallen. Es genügt auch nicht,[2] die Frage nach dem Eigentum an einem solchen zwitterhaften Dokumente mit einem Hinweise auf § 444 Abs. 2 BGB. abzutun, wonach sich die gewöhnliche Pflicht des Grundstücksverkäufers, zur Auslieferung solcher Urkunden, die sich auf das Grundstück, seine Rechtslage, Grenzen, Lasten usw. beziehen, in eine bloße Pflicht zur Erteilung eines öffentlich beglaubigten Auszugs verwandelt, wenn der Inhalt der betreffenden Urkunden sich auch auf andere Angelegenheiten erstreckt. Unbedingt zutreffend dürfte es sein, hieraus folgenden

[1] So die meisten Schriftsteller, a. M. Dernburg.

[2] Wie es z. B. Planck tut.

analogen Grundsatz abzuleiten: Wenn der Schuldschein nicht nur die Bescheinigung der Schuld enthält, und wenn der Gläubiger mit Rücksicht darauf an der Urkunde nicht das Eigentum gemäß § 952 BGB. erwirbt, dann erhält er wenigstens den Anspruch auf Erteilung eines beglaubigten Auszugs. Wann und warum aber der Gläubiger das Eigentum an einem solchen Nicht-nur-Schuldschein nicht erwerben kann, das wird weiter unten selbständig aus dem Wesen des § 952 zu entwickeln sein.

5. „Ausgestellt".

Wenn hier von der „Ausstellung" des Schuldscheins als einer Voraussetzung des § 952 die Rede ist, so ist damit nur die Frage gemeint: wie wird eine Urkunde äußerlich fertiggestellt, an welche die Rechtswirkungen des Paragraphen anknüpfen sollen. Die weitere heiß umstrittene Frage, ob zur Ausstellung des Schuldscheins auch dessen Begebung gehört, soll hier einstweilen noch gar nicht berührt werden.

a) Man ist allgemein darüber einig, daß die „Ausstellung" nur durch den Schuldner — oder dessen Bevollmächtigten — geschehen kann. Ein vom Gläubiger „über seine Forderung ausgestellter" Schuldschein wäre juristisch wie praktisch eine wertlose Privataufzeichnung.

Wer den Tenor der Schuldurkunde verfaßt und niedergeschrieben hat, ist gleichgültig. Nur muß sich der Schuldner in erkennbarer rechtsgültiger Weise zu dem Inhalte des Schriftstücks (vielleicht eines gedruckten Formulars) bekannt haben. Das regelmäßige Mittel hierzu wird die Unterschrift des Schuldners sein. Wo das Gesetz ausdrücklich Schriftform für den Schuldschein verlangt, wo also § 126 BGB. eingreift (Beispiele: §§ 566, 761, 766, 780 BGB. u. a. m.), wird diesem Erfordernis allein durch Unterzeichnung mit dem Namen — das braucht nicht der bürgerliche Name zu sein — oder mit einem gerichtlich oder notariell beglaubigten Handzeichen entsprochen. Eine Signatur wie etwa „Dein Schwager" genügt hier nicht; auf Treu und Gauben kann sich der also Signierende nicht berufen, Formvorschriften sind strenges Recht. Wo aber § 126 BGB. nicht eingreift, also vor allem beim gewöhnlichen Schuldschein, dürfte größere Weitherzigkeit angebracht und nur danach zu fragen sein, ob die Urkunde selbst für die Beteiligten unverkennbar Zeugnis dafür ablegt, daß der Schuldner sie zum Dokumente seines Willens gemacht hat. Hiernach würde selbst ein Schriftstück, das der Aussteller etwa im Vertrauen auf seine charakteristische, dem Mitbeteiligten wohlbekannte Handschrift gar nicht unterzeichnet hat, als Schuldschein gelten können, wenn auch als Schuldschein von vermindertem Beweiswert.

b) Aus dem Gesagten ergibt sich schon, daß nur das Original ein ausgestellter Schuldschein im Sinne des § 952 BGB. ist. Kopien folgen den gewöhnlichen Grundsätzen. Doch kann natürlich auch die Kopie durch einen auf ihr zum Ausdruck gebrachten Willensakt des Schuldners zum Originalschuldschein (etwa als Duplikat, Ersatz des verlorenen Originals) erhoben werden.

c) Nicht als „ausgestellt" in diesem Sinne ist die Schuldurkunde zu bezeichnen, wenn sie von Amts wegen durch öffentlichen Akt errichtet wird. So bleibt z. B. die Urschrift eines gerichtlichen Vergleichs, gleichviel ob von den Parteien unterzeichnet oder nicht, im Eigentum der Behörde. Ausfertigungen, die sich jede Partei geben lassen kann, stehen den Kopien von Privatschuldscheinen gleich, sind also Eigentum derer, denen sie erteilt worden sind.

Eine Ausnahmestellung nimmt der Hypothekenbrief (Grundschuld-, Rentenschuldbrief) ein. Er wird vom Grundbuchamte errichtet und ist als „ausgestellt" zu betrachten, wenn er mit der Unterschrift des Richters und mit dem Siegel versehen ist. Die Mitwirkung des Schuldners zur „Ausstellung" beschränkt sich hier darauf, daß er den Antrag dazu stellt.

d) Aus dem Erfordernis, daß die Schuldurkunde vom Schuldner über seine Forderung ausgestellt sein muß, ergibt sich endlich ganz allgemein, daß nicht jede Urkunde, die zum Beweise der Forderung dient, von der Bestimmung des § 952 BGB. getroffen wird. Die Urkunden des § 952 fallen also keineswegs mit denen der §§ 402, 444 BGB. zusammen, vielmehr sind jene nur eine Gruppe von diesen; z. B. würde die Ausfertigung eines den Schuldner verurteilenden Erkenntnisses in der Hand des Gläubigers zwar unter § 402, nicht aber unter § 952 fallen.

III. Inhalt des § 952 BGB.

I. Begründung des Eigentums am Schuldschein nach § 952.

Der Schuldschein ist eine eigentumsfähige bewegliche Sache wie jedes andere Stück Papier. Es könnte an sich als das Gegebene erscheinen, dementsprechend den Erwerb und Verlust des Eigentums am Schuldscheine den allgemeinen Grundsätzen über Erwerb und Verlust des Eigentums an Mobilien mit ihren speziell für beschriebenes Papier geltenden Modifikationen zu unterwerfen. Der § 952 BGB. hebt aber diese besondere Klasse beschriebener Papiere aus dem Kreise aller übrigen res corporales heraus und stellt für sie einen neuen eigenartigen Eigentumserwerbsgrund auf, indem er anordnet: Eigentümer des Schuldscheines soll der Gläubiger sein.

Des inneren Grundes dieser Bestimmung ist schon gedacht worden. Der Gläubiger hat ein so überwiegendes Interesse daran, daß die Urkunde existiert, nicht zerstört oder verändert wird, sich möglichst in seinem Besitze befindet, daß jedes andere mögliche Interesse an dem Papiere demgegenüber normalerweise bedeutungslos ist. Die Urkunde ist allein zu dem Zwecke bestimmt, der Forderung zu dienen, sie erfüllt diesen Zweck am vollkommensten, wenn sie im Eigentum des Forderungsberechtigten steht.

Es erhebt sich nun die Frage, in welchem Augenblicke, durch welchen Vorgang die eigenartige Verbindung zwischen dem Forderungsrechte und dem dinglichen Rechte am Papiere hergestellt wird.

Beispiel: Ich beabsichtige meinen entfernt wohnenden Freund X. um ein Darlehen zu ersuchen. Vorher schreibe ich mit der Tinte von Y. auf einen Briefbogen von Z.: Hiermit bekenne ich, dem X. 1000 Mark zu den und den Verzinsungs- und Rückzahlungsbedingungen schuldig zu sein, und unterzeichne dies mit meinem Namen. Es ist klar, daß niemand anders als ich Eigentümer dieses Schriftstückes geworden ist. Ich verschließe die Urkunde in meinem Schreibtisch, reise zu X. und erhalte 1000 Mark zu den gewünschten Bedingungen dargeliehen. Er ist jetzt mein Gläubiger geworden, ist er darum auch Eigentümer jener Niederschrift?

Oder: X., dem ich 1000 Mark schulde, bittet mich nachträglich um etwas Schriftliches darüber. Ich setze einen Schuldschein auf, vergesse aber, ihn abzusenden, oder ich sende ihn zwar ab, widerrufe ihn aber aus irgend einem Grunde durch ein überholendes Telegramm. Habe ich das Eigentum an der Urkunde in irgend einem Augenblicke zugunsten meines Gläubigers verloren?

In beiden Fällen ist die Frage zu verneinen. Eine Rechtsverbindung zwischen Urkunde und Forderung ist nicht hergestellt; denn die Urkunde, die allerdings eine Bescheinigung der Schuld enthält, ist, wie in beiden Fällen ohne weiteres einleuchtet, noch nicht endgültig dem Zwecke, der Forderung zu dienen, gewidmet. Sie ist daher auch noch nicht von einer Privataufzeichnung des Schuldners zum wahren Schuldschein erhoben, noch nicht wahrhaft „ausgestellt“ worden. In der Widmung zu dem Zwecke, der Forderung zu dienen, ist der Kern der „Ausstellung“ des Schuldscheins zu erblicken. Diese Widmung aber kann nicht durch eine einseitige Handlung des Schuldners erfolgen. Schon die sprachliche Bezeichnung weist darauf hin, daß die „Ausstellung“ nicht bloß ein interner Akt des Schuldners sein kann. Ausstellung ist nicht Herstellung. Der Schuldschein wird nicht ins Blaue hinein, sondern er wird „dem Gläubiger“ ausgestellt. Erst dadurch, daß der Schuldner die Urkunde zu der realen Persönlichkeit des Gläubigers in Beziehung setzt und dieser die dahingehende Erklärung annimmt, wird die „Ausstellung“ vollendet.[1]

Die Ausstellung des Schuldscheins bedeutet also letztlich einen Vertrag zwischen dem Schuldner und dem Gläubiger, durch den diese sich darüber einigen, daß eine bestimmte Urkunde einer bestimmten Forderung als Schuldschein dienen solle. Und infolge dieses Vertrags soll nach § 952 BGB. das Eigentum des Gläubigers am Schuldscheine begründet, sollen Forderung und Schuldschein rechtlich miteinander verknüpft werden.

---

[1] Abweichend Planck, Biermann.

Diesen Vertrag „Begebung“ zu nennen,[1] kann irreführen. Das Geben und Nehmen der Urkunde ist nur eine, konkludente, wenn auch die durchaus regelmäßige Form dieser Einigung. Sie kann auch in Abwesenheit des Dokuments erfolgen und braucht dabei keineswegs als longa nanu traditio oder Abtretung des Herausgabeanspruchs gedacht zu werden. Die Übereignung der Urkunde brauchen die Parteien gar nicht im Auge zu haben, nur über ihre Zweckbestimmung verständigen sie sich. Man könnte, um einen terminus zu haben, die Einigung vielleicht „Widmungsvertrag“ nennen.

Gegen diese Auffassung der Ausstellung als Vertrag könnte vielleicht der Einwand erhoben werden,[2] daß durch die §§ 793, 794 BGB. der Begriff der „Ausstellung“ implicite als eine Kreation der Urkunde gerade ohne „Begebung“ oder „Widmung“ festgelegt worden sei; denn da man als „Aussteller“ (§ 794) nicht gut denjenigen bezeichnen könne, der eine Urkunde nur habe ausstellen wollen, sondern vielmehr nur denjenigen, der eine Urkunde fertig ausgestellt hat, so sei in § 794 der Zeitpunkt der Vollendung der Ausstellung angenommen, ehe eine freiwillige oder unfreiwillige Besitzaufgabe hinsichtlich der Urkunde stattgefunden habe. Diese Argumentation übersieht, daß sich die genannten Paragraphen gerade auf diejenigen Schuldurkunden beziehen, die ihrem Wesen nach im schärfsten Gegensatze zu denen des § 952 stehen, und daß daher eine Schlußfolgerung aus den Grundsätzen über die Entstehung dieser Urkunden auf die Entstehung der Schuldscheine des § 952 geradezu paradox ist. Die Eigenart der Inhaberpapiere rechtfertigt die im Verkehrsinteresse geschaffene Sonderbestimmung des § 794. Für den gewöhnlichen Schuldschein aber ist keinerlei rechtliches Interesse einzusehen, um deswillen dem Gläubiger das Eigentum an einer Urkunde aufgenötigt werden sollte, die nicht für ihn gemacht ist. Wollte man den Eigentumsübergang beim Schuldschein bereits an dessen äußerliche Herstellung knüpfen, wer sollte dann die Grenze ziehen zwischen Privatnotizen, die der Schuldner nur für sich niedergeschrieben hat, und Schuldbescheinigungen, die für den Gläubiger aufgesetzt sind!

[1] So zuletzt Rauth.

[2] Andeutungen in diesem Sinne bei Planck Anm. zu § 952.

Durch die Ausstellung in dem dargelegten Sinne verfügt also der Schuldner mittelbar über das Eigentum am Schuldschein. Voraussetzung hierzu aber ist, daß er verfügungsberechtigt, also selbst Eigentümer ist. Meistens wird er das sein, erwirbt er doch, auch wenn er fremdes Material benutzt, allein durch die Niederschrift in der Regel das Eigentum daran. Gehört das beschriebene Blatt von vornherein dem Gläubiger — unterzeichnet also etwa der Schuldner nur ein der Deutschen Bank gehöriges Bürgschaftsformular mit seinem Namen —, so kann von Begebung im Sinne einer Übereignung nicht die Rede sein; der gleichwohl zustande kommende Widmungsvertrag unterwirft dann die Urkunde nur für die Zukunft, für etwaige Zession oder Belastung, den Wirkungen des § 952.

Ist aber ausnahmsweise ein Dritter Eigentümer der Urkunde, so kann sie auch nicht vom Schuldner im Vollsinn des § 952 ausgestellt werden; der Paragraph tritt nicht in Wirksamkeit: der Dritte wird nicht auf Grund der Forderungsberechtigung des Gläubigers expropriiert. Wohin sollten wir sonst kommen? Da schließlich jeder Gegenstand bei entsprechender Behandlung seiner Oberfläche die Unterlage einer Schuldbescheinigung abgeben kann, würden wir zu der ungeheuerlichen Annahme geführt, daß ein Schuldner durch geeignete Beurkundungen seiner Schuld jeden Beliebigen um Hab und Gut bringen und ihm lediglich vielleicht einen analog nach § 951 BGB. gegebenen Ersatzanspruch belassen könnte. Auf die §§ 946ff. BGB., auf Grund deren allerdings jeder Dritte enteignet wird, kann man sich nicht berufen. Denn dort handelt es sich um so schwerwiegende materielle Einwirkungen auf die Sachen, daß eine Veränderung ihrer Eigentumsverhältnisse durch ihren neuen äußeren Zustand geradezu erzwungen wird. Bei § 952 dagegen ist das Ausschlaggebende nur ein flüchtiges Wort, ein leichter Willensakt: einem solchen kann fremdes Eigentum nicht weichen. Das fremde Blatt Papier, das der Schuldner beschreibt, wird also Eigentum des Gläubigers, aber nur, weil es durch Beschreiben zuvor Eigentum des Schuldners geworden ist; der fremde Silberschild, den der Schuldner bekritzelt, das Marmortischchen im Café, auf das die Schuldverschreibung hingeworfen wird, bleibt im Eigentume seines derzeitigen Herrn.

Nach diesen Grundsätzen regelt sich auch die Frage, wem eine Schuldbescheinigung gehört, die auf ein bereits anderweit beschriebenes Papier gesetzt wird. Erwirbt der Schuldner kraft des höheren Wertes der Schuldbescheinigung das Papier gemäß § 950 BGB., so tritt es auch ins Gläubigereigentum ein, sonst nicht. Bei der nach § 950 anzustellenden Wertvergleichung dürfte es nicht unbillig sein, zugunsten des Schuldners das im Hintergrunde harrende Interesse des Gläubigers mit in Rücksicht zu ziehen.

Wenn der Schuldner endlich, um dies nur zu erwähnen, den Tenor der Schuldurkunde auf einen ihm gehörigen unverhältnismäßig wertvollen Gegenstand schreibt, so steht der Begründung eines Gläubigereigentums an dem benutzten Gegenstande an sich nichts im Wege, nur wird in aller Regel der Ausstellungswille im Sinne der obigen Ausführung nicht vorhanden sein.

Die in der Ausstellung enthaltene indirekte Verfügung des Schuldners über sein Eigentum am Schuldbriefe kann, wie jede andere Mobiliarveräußerung, da sie lediglich auf dem Willen des Schuldners beruht, auch bedingt oder befristet sein. So kann sie z. B. an die Bedingung geknüpft werden, daß die Forderung, der das Dokument dienen soll, überhaupt besteht, daß also das Eigentum am Papiere nach Erledigung der Forderung an den Schuldner zurückfallen soll. Oder die Veräußerung kann die Bedingung enthalten, daß die durch den „Widmungsvertrag" hergestellte Verknüpfung von Forderungsrecht und Urkunde nur solange bestehen soll, als die Forderung dem ersten Gläubiger zusteht. Dies wird z. B. dann anzunehmen sein, wenn der Schuldner das Bekenntnis seiner Schuld in einem Briefe niederlegt, der außerdem noch andere für den Gläubiger wertvolle Mitteilungen enthält; zediert dann der Gläubiger die Forderung, so bleibt er doch auf Grund jener stillschweigenden Bedindung Eigentümer des Briefs.

Betreffs des Hypothekenbriefs sind der Lehre von der Begründung des Eigentums am Schuldschein nach § 952 noch einige besondere Bemerkungen hinzuzufügen.

Gläubiger im Sinne des § 952 ist hier stets der Inhaber der Hypothek, der Realgläubiger, gleichviel, ob er zugleich auch

Gläubiger der Personalforderung ist oder ob diese wie in den Fällen der Eigentümerhypothek in andern Händen oder überhaupt nicht vorhanden ist; denn der Hypothekenbrief wird über das Pfandrecht ausgestellt und beurkundet nur mittelbar das ihm in der Regel, aber nicht immer zugrunde liegende persönliche Schuldverhältnis.

Die Verknüpfung des Hypothekenbriefs mit dem Hypothekenrechte tritt sofort mit der Fertigstellung des Hypothekenbriefs durch das Grundbuchamt ein. So will es die publizistische Natur des Briefs, so entspricht es auch, wie unbedenklich anzunehmen, dem Willen dessen, der die Briefbildung beantragt hat.

Mit dem Augenblicke seiner Entstehung wird der Hypothekenbrief, wenn nicht einer der noch zu erwähnenden besonderen Fälle vorliegt, Eigentum des Grundstückseigners, denn diesem steht bis zur Übergabe des Briefs die Hypothek zu (§ 1163 Abs. 2 BGB.). Gelangt die Forderung, für welche die Hypothek bestellt ist, überhaupt nicht zur Entstehung, so steht die Hypothek ebenfalls dem Grundeigentümer zu, der damit gleichzeitig auch Eigentümer des Briefs ist.

Der erstmalige Erwerb der Hypothek durch den Personalgläubiger wird durch § 1117 Abs. 1 BGB. selbst erst vom Erwerb des Eigentums am Hypothekenbriefe abhängig gemacht, wobei ausdrücklich alle regelmäßigen Formen der Eigentumsübertragung an Mobiliar (§§ 929 bis 931 BGB.) als zulässig anerkannt werden. Die Frage, ob Begebung zur Begründung des Gläubigereigentums nach § 952 erforderlich ist, kommt also hier bei den Regelfällen nicht in Betracht.

Daneben aber schafft das Gesetz besondere Fälle, in denen eine Briefhypothek für den Forderungsberechtigten unabhängig vom Erwerb des Briefs entsteht. So wenn die Briefübergabe durch die Vereinbarung ersetzt wird, der Gläubiger solle berechtigt sein, sich den Brief vom Grundbuchamte aushändigen zu lassen (§ 1117 Abs. 2 BGB.), oder wenn eine Buchhypothek nachträglich in eine Briefhypothek umgewandelt wird (§ 1116 Abs. 2 BGB.). Hier wird der Hypothekar mit dem Augenblicke der Entstehung des Hypothekenbriefs ipso jure auch sein Eigentümer. Auch hier erledigt sich die Frage der Begebung bzw. „Widmung“

von selbst: jene Vereinbarung des § 1117 Abs. 2 und die zur Bildung des Hypothekenbriefs im Falle des § 1116 Abs. 2 erforderliche Einigung erfüllt zur Genüge das Erfordernis des auf Verknüpfung von Recht und Brief gerichteten Vertrags.

2. Übertragung des Eigentums am Schuldschein nach § 952.

Wird die persönliche Forderung auf einen neuen Gläubiger übertragen, so erwirbt dieser ipso jure auch das Eigentum am Schuldschein. Einer besonderen Einigung bezüglich der Urkunde oder gar der Übergabe bedarf es hier nicht.

Das ist der Kern des § 952. Ist die eigenartige Verbindung von Recht und Brief einmal hergestellt, so bleibt sie kraft Gesetzes bestehen, falls sie nicht durch besondere, später zu besprechende Akte aufgehoben wird. Gleichgültig ist, in welcher Weise die Forderung übertragen wird, ob durch Abtretung, und zwar formlos (§ 398 BGB.) oder formell (schriftlich, gerichtlich, notariell) oder durch einen Vorgang, der die rechtsgeschäftliche Zession ersetzt (Genehmigung der Stiftung § 82 S. 2 BGB.), ob sonst kraft Gesetzes (z. B. §§ 268, 774, 1225, 1249 u. a.), durch Erbgang oder endlich mittels gerichtlicher Überweisung bei einer im Wege der Zwangsvollstreckung gepfändeten Forderung. Es wird nur gefragt, wer der neue Gläubiger ist, nicht wie er es geworden ist. Eine eigentliche Übertragung des Eigentums am Schuldschein findet also grundsätzlich überhaupt nicht statt: nicht sachenrechtliche, sondern rein obligationenrechtliche Vorgänge gaben den Ausschlag und ziehen den Übergang des Sachenrechts nur als ihre gesetzliche Begleiterscheinung nach sich.

Geht die Forderung nur teilweise an einen neuen Gläubiger über, so entsteht Miteigentum des alten und des neuen Gläubigers an der Urkunde. Für die Aufhebung dieser Gemeinschaft, die gemäß § 752 BGB. jederzeit verlangt werden kann, ist der in den §§ 752, 753 BGB. angegebene Weg nicht gangbar. Sie wird durch Herstellung eines beglaubigten Duplikats durchzuführen sein.

Eine besondere Stellung nimmt auch hier wieder der Hypothekenbrief ein. Nach § 1154 BGB. ist zur rechtsgeschäftlichen

Übertragung der Briefhypothek, außer der Schriftform, die Übergabe des Briefs selbst erforderlich. Demnach ist das eigentliche Anwendungsgebiet des § 952 für den Hypothekenbrief dort zu suchen, wo die hypothekarisch gesicherte Forderung unabhängig von dem Willen der Parteien den Gläubiger wechselt: durch Erbgang, im Wege der Zwangsvollstreckung (§§ 830, 837 ZPO.), kraft Gesetzes (§ 1143 BGB.). Zu den Fällen gesetzlichen Übergangs der Forderung treten noch die Fälle gesetzlicher Übertragung der Hypothek ohne Forderung auf den Eigentümer (§§ 1163 Abs. 1 S. 2, 1168 BGB.) und auf den vom Eigentümer verschiedenen, regreßberechtigten Personalschuldner (§ 1164) hinzu. Auch in diesen Fällen erwirbt derjenige, auf den die Hypothek übergeht, ipso jure auch das Eigentum am Briefe.

Ist mit dem Hypothekenbriefe gemäß § 58 GBO. eine Urkunde über die persönliche Forderung verbunden worden, so würde, falls die Hypothek und die persönliche Forderung auseinander fallen, an dem Urkundenfaszikel eigentlich Miteigentum des Hypothekars (Grundstückseigentümers) und des persönlichen Gläubigers entstehen. Doch schreibt das Gesetz (§§ 65, 69 GBO.) für diesen Fall Trennung der Schuldurkunde von dem Hypothekenbriefe vor.

Wird eine hypothekarisch gesicherte Forderung geteilt, so entsteht gleichfalls Miteigentum der Teilgläubiger an dem alten Hypothekenbriefe. Wenn dann, was nach § 1152 BGB. möglich ist, für jeden Teil der Hypothek ein Teilhypothekenbrief ausgestellt wird, so erwirbt sofort mit der Bildung dieser Urkunden jeder Teilhypothekengläubiger ipso jure das Eigentum an dem auf seinen Teil lautenden Briefe. Dasselbe gilt auch für den Fall, daß sich die Hypothek durch teilweise Befriedigung seitens des Grundstückseigentümers (§ 1145) oder teilweisen Verzicht des Gläubigers (§ 1168 Abs. 3) zum Teil in eine Eigentümerhypothek verwandelt; insbesondere wird die Annahme eines Miteigentums am Hypothekenbrief durch die Bestimmung des § 1145, der Eigentümer könne in solchen Fällen die Herausgabe des Briefs nicht vom Gläubiger verlangen, nicht ausgeschlossen.

3. Inhalt des Eigentums am Schuldschein nach § 952.

Der Inhalt des dem Gläubiger zuwachsenden Eigentums an der Schuldurkunde bestimmt sich nach dem vom Gesetzbuch selbst ausdrücklich in § 903 festgestellten Begriffe des Eigentums an körperlichen Sachen. Der Gläubiger kann also grundsätzlich mit dem Schuldscheine beliebig verfahren und andere von jeder Einwirkung ausschließen, soweit nicht Rechte Dritter oder das Gesetz selbst entgegenstehen. Die regelmäßige Befugnis des Eigentümers, tatsächlich auf den ihm gehörigen Gegenstand einzuwirken, ihn zu verändern, zu beschädigen, ja zu vernichten, ist dem Eigentümer des Schuldscheines durch keine gesetzliche Bestimmung genommen. Aber auch in der rechtlichen Verfügung über den Schuldschein ist der Gläubiger, dem der Schuldschein gehört, grundsätzlich nicht beschränkt;[1] er kann das Papier also ohne Rücksicht auf die Forderung beliebig veräußern, verpfänden, derelinquieren. Ihm diese Rechte abzusprechen, hieße ein besonders geartetes Eigentum konstruieren, wofür jede gesetzliche Unterlage fehlt. Insbesondere dürfte man sich gerade nicht auf § 952 berufen. Denn wenn der Paragraph dem Gläubiger das Eigentum an der Urkunde sans phrase zuspricht, so statuiert er eben damit auch seine volle rechtliche Verfügungsfreiheit betreffs der Urkunde. Das bedeutet aber nichts anderes als dies: der Gläubiger hat es kraft seines Eigentums am Schuldscheine in der Hand, die eigenartige Verknüpfung der Urkunde mit dem Forderungsrechte, die durch den „Widmungsvertrag“ hergestellt ist, jederzeit zu lösen. Denn veräußert er z. B. den Schuldschein ohne die Forderung, so hat das Papier in diesem Augenblicke aufgehört, der Forderung zu dienen, es nimmt fortan an der Sonderstellung der Urkunden des § 952 nicht mehr teil und unterliegt wie jede andere bewegliche Sache den allgemeinen Grundsätzen.

Die Sache liegt also tatsächlich ebenso, wie sie liegen würde, wenn das Gesetz an der alten Terminologie: „Der Schuldschein ist Zubehör der Forderung“, festgehalten hätte.

Daß der Gläubiger ein Interesse daran haben kann, das zu-

---

[1] So die meisten Schriftsteller, abw. Endemann (S. 124).

behörähnliche Verhältnis des Papiers zur Forderung aufzuheben, kann nicht bestritten werden. Beispiel: Ein Schuldner stellt dem Gläubiger in augenblicklicher Ermangelung eines andern Stücks Papier eine Urkunde über die Forderung, etwa auf der Rückseite eines dem Gläubiger gehörigen seltenen alten Kreuzbandes aus: Oder: ein gefeierter Dichter erteilt einen Darlehnsschuldschein eigenhändig in originellen Versen. In beiden Fällen hat das Papier unabhängig von der in ihm beurkundeten Forderung einen selbständigen Vermögens- bezw. Affektionswert für den Gläubiger, und er wird wünschen, bei einer etwaigen Zession dennoch Eigentümer des Schuldscheines zu bleiben. § 952 hindert ihn nicht, mit dem Zessionar eine dahingehende Vereinbarung wirksam zu treffen, oder auch das Papier, ohne die Forderung zu zedieren, an einen beliebigen Dritten zu veräußern. Ferner kann es bei Teilabtretung der Forderung naheliegen, daß der Zedent sich das Alleineigentum an der Urkunde, an der sonst der Zessionar Miteigentum erwerben würde, vorbehalten will; kraft seines Verfügungsrechtes als Eigentümer ist er dazu imstande. Ja wir müssen konsequenterweise so weit gehen, zuzugestehen, daß der Gläubiger auch ohne ein besonderes Interesse bei Abtretung der ganzen Forderung durch einen rechtzeitig vorher dem Zessionar gegenüber erklärten einseitigen Vorbehalt die Rechtsverbindung des § 952 aufheben und das Eigentum an der Urkunde für sich zurückbehalten kann. Wer das in Abrede stellt und dennoch dem Gläubiger im übrigen volle Dispositionsfreiheit hinsichtlich der Urkunde einräumt,[1] verstrickt sich in Widersprüche. Es ist allerdings nicht undenkbar, daß einmal eine solche Erklärung des Zedenten, wenn sie durch keinerlei besonderes Interesse an der Urkunde begründet ist, als den guten Sitten zuwiderlaufend für nichtig zu erklären wäre; doch läßt sich das nicht allgemein als Regel aufstellen.

Durch diese weitgehende Auslegung des Gläubigereigentums am Schuldschein ist allerdings der § 952, der nach seiner rein äußerlichen Stellung im Sachenrecht fast Anspruch auf absolute Geltung zu machen schien, zu einer beliebig durch Privatwillkür

---

[1] So Rauth.

zu entkräftenden Norm verflüchtigt. Dies ist wohl auch der Sinn der zitierten Stelle in den Protokollen, wo es heißt, § 952 solle nur eine dispositive Vorschrift darstellen. Natürlich, denn wie schon die Herstellung des Gläubigereigentums bedingt ist durch Parteidisposition, so ist das kraft § 952 gewährte Recht, das Eigentum, Dispositionsrecht κατ' ἐξοχήν.

Nur einer Beschränkung ist das Eigentum am Schuldscheine allerdings unterworfen, und diese ergibt sich eben aus der Hörigkeit dieses Eigentums im Verhältnis zur Forderung: solange die Verknüpfung von Urkunde und Forderung nicht aufgehoben ist, bedeutet jede Verfügung des Gläubigers über sein Forderungsrecht zugleich auch eine Verfügung über die Urkunde. Veräußert er die Forderung, so ist sein Recht an dem Instrument von selbst für ihn zerronnen; belastet er die Forderung mit Rechten Dritter, so hat er von selbst aufgehört, am Schuldscheine ein lastenfreies Eigentum zu haben. Dasselbe Forderungsrecht, das ihn zum Herren der Urkunde gemacht hat, entwindet ihm in dem Maße, als es von ihm losgelöst wird, selbst wieder seine Herrschaftsrechte. Mag er auch nachträglich protestieren, es nützt ihm nichts, der Dritte ist an seinen Platz getreten und hat nun seinerseits kraft seiner Gläubigerschaft das volle Dispositionsrecht über die Urkunde.

Umgekehrt bedeutet eine Verfügung über die Urkunde grundsätzlich durchaus nicht zugleich eine Verfügung über das beurkundete Recht. Nicht einmal eine Vermutung hierfür wird im heutigen Rechte aufgestellt. Vielmehr ist es stets nach den besonderen Umständen des einzelnen Falles zu entscheiden, ob z. B. die Schenkung eines Sparkassenbuchs, die Verpfändung einer Lebensversicherungspolice durch den Gläubiger gleichzeitig der Ausdruck einer entsprechenden Verfügung über die Forderung sein soll.

Auch für den Hypothekenbrief behalten die dargelegten Grundsätze ihre volle Geltung. Eine gesonderte Übertragung des Eigentums am Hypothekenbriefe ohne Abtretung der Hypothek wird freilich in Wirklichkeit kaum vorkommen, da der Gläubiger selbst das dringendste Interesse daran hat, den Brief als den Schlüssel zu seinem Rechte selbst zu behalten, und andererseits schwerlich ein vernünftiger Grund zur Begründung eines gesonderten Eigentums am Hypothekenbriefe auszudenken ist. Doch ist grundsätzlich die Trennung von Recht und Brief in den Fällen des Abs. 2 ebensowenig ausgeschlossen, wie für die Papiere des Abs. 1. Verkehrt wäre es, für den Hypothekenbrief etwa die von unserem § 952 abweichenden Worte des alten § 1109 Abs. 1 des Ersten Entwurfs: „das Eigentum am Hypothekenbriefe ist mit dem Hypothekenrecht untrennbar verbunden" nachwirken lassen zu wollen mit der Begründung: „die Protokolle der zweiten Kommission sagten nichts davon, daß daran etwas geändert werden solle". Die Gesetze allein, nicht die Materialien dazu, sind unsere bindende Normen.

Zu erwähnen ist noch, daß sich für den Eigentümer des Hypothekenbriefs, wenn er sich im Besitze des Briefes befindet, aus der publizistischen Funktion der Urkunde noch eine ganz besonders geartete Beschränkung ergibt: er muß sich nämlich von jedem Interessenten, der eine Berichtigung des Grundbuchs verlangen kann, zwingen lassen, seinen Hypothekenbrief, sofern er zu dieser Berichtigung benötigt wird, dem Grundbuchamte vorzulegen. Wir werden durch diese Bestimmung unwillkürlich an jenes alte Justinianische Gesetz erinnert, das den wirtschaftlichen Zweck, dem unser § 952 dient, durch eine ähnliche allgemeine Editionspflicht zu erreichen versucht hatte.

4. Ansprüche aus dem Eigentum am Schuldscheine gemäß § 952.

Die Ansprüche, die sich für den Gläubiger aus seinem Eigentume am Schuldscheine ergeben, sind dieselben, die jedem anderen Eigentümer hinsichtlich seiner Sache zustehen.

So kann der Gläubiger vor allem die Herausgabe des Schuldscheines von jedem dritten Besitzer verlangen (§ 985 BGB. rei vindicatio). Dieser Anspruch unterliegt, wie bei allen vindikationsfähigen Sachen der Verjährung.[1] Allerdings verjährt er nicht etwa mit der Verjährung der obligatorischen Forderung; denn mag diese auch verjährt sein, so ist sie doch darum nicht erloschen, sondern nur mit einer Einrede behaftet, und für einen Gläubiger,

[1] Abw. STROHAL, Das Recht 1901.

dessen Recht eine Einrede entgegensteht, bleibt das Eigentum am Schuldschein mit allen daraus resultierenden Ansprüchen nach wie vor fortbestehen. Wie aber, wenn z. B. die Verjährungsfrist für den Herausgabeanspruch hinsichtlich der Urkunde verstrichen, die Forderung selbst dagegen durch geeignete Unterbrechungen der Verjährung unverjährt geblieben ist? Soll man auch hier den Eintritt der Verjährung hinsichtlich der rei vindicatio in Abrede stellen? Und mit welchem Grunde? Weil dadurch die Rechtsverbindung zwischen Urkunde und Forderung illusorisch gemacht werde? Aber es verjährt ja nur der Herausgabeanspruch, das Eigentum selbst erlischt nicht, und auch der Herausgabeanspruch geht nicht unter, sondern wird nur mit einer Einrede belastet. Auch mehr wirtschaftliche Erwägungen dürften nicht zugunsten jener Ansicht durchschlagen, es mag für den Eigentümer einer kostbaren Sache bisweilen weit empfindlicher sein, wenn er der Verjährungseinrede gegenüber ein leeres, wertloses Eigentum hat, als es für den Gläubiger ist, wenn er sich trotz § 952 einmal nicht in den Besitz des Beweispapieres setzen kann. Das Gesetz tut schon viel, wenn es dem Gläubiger hinsichtlich der Urkunde das Eigentum mit allen daraus fließenden Konsequenzen zuspricht, — mehr will es nicht tun.

Der Eigentumsklage aus § 985 BGB. kann der Besitzer die Einrede aus § 986 Abs. 1 entgegensetzen, z. B. wenn ihm die Forderung und damit auch die Urkunde vom Gläubiger verpfändet worden ist, — aber auch, wenn er die Urkunde vom Gläubiger nur geliehen hat (etwa, um juristische Studien daran zu machen).

Die Vermutung des Eigentums (§§ 1006, 1362 BGB.) kommt dem auf Herausgabe des Schuldscheins verklagten Besitzer nicht zu statten, — noch viel weniger wird etwa vermutet, daß der Besitzer des Schuldscheins Gläubiger der Forderung sei; das würde den Grundsatz des § 952 völlig auf den Kopf stellen. Der Kläger hat lediglich seine Forderung zu beweisen, daraus ergibt sich dann von selbst, daß er auch der Eigentümer des Schuldscheins ist. Dem Beklagten liegt dann ob, für die etwa erfolgte Loslösung der Urkunde vom Rechtsschicksal der Forderung den Nachweis zu erbringen, mit anderen Worten darzutun, daß der von ihm besessene Schuldschein gar kein Schuldschein gemäß § 952 ist. Insofern ist es wohl nicht zu weit gegangen zu sagen, daß der § 952 eine Vermutung des Eigentums am Schuldschein zugunsten des Gläubigers aufstellt, und als deren Voraussetzung wieder die Vermutung, daß ein im Verkehr befindlicher Schuldschein die Verkoppelung mit der Forderung eingegangen sei.

Weitere aus dem Eigentume am Schuldscheine folgende Ansprüche sind die Vorlegungsansprüche aus §§ 809, 810 BGB., die Eigentumsfreiheitsklage (§ 1004 BGB.), beim Vorliegen der besonderen Voraussetzungen auch die Fahrnisklage (§ 1007 BGB.), der Aussonderungsanspruch im Konkurs des Besitzers (§ 43 KO.), die Vollstreckungsintervention gemäß § 771 ZPO.

Daß der Eigentümer daneben auch in seiner bloßen Eigenschaft als Besitzer des Schuldscheins die possessorischen Rechtsmittel (§§ 861, 852 BGB.) gegen den fehlerhaften Besitzer oder den Besitzstörer, und als Forderungsgläubiger die persönlichen Klagen gegen den Zedenten auf Aushändigung der Urkunde (§§ 402, 444 BGB.) hat, braucht nur erwähnt zu werden.

5. Das Eigentum am Schuldschein nach § 952 im Widerstreit mit anderen Eigentumserwerbsgründen.

Die kategorische Bestimmung des § 952 kann nicht verhindern, daß der Schuldschein eine bewegliche Sache ist und bleibt und als solche Tatbeständen ausgesetzt ist, an die sich für andere bewegliche Sachen Eigentumsveränderungen als gesetzliche Folge knüpfen: Verbindung, Verarbeitung, Bearbeitung, Fund, andauernder qualifizierter Besitz, Verfügung Nichtberechtigter gutgläubigen Dritten gegenüber. Es ist hier zu untersuchen, inwieweit der Schuldschein durch § 952 gegenüber dem rechtlichen Einflusse solcher Tatbestände immunisiert ist.

Vorausgeschickt sei, daß Urkunden, die zwar äußerlich Schuldscheine sind, jedoch durch willkürliche Loslösung aus ihrem normalen Verhältnisse zu der Forderung aufgehört haben, zu den Urkunden des § 952 zu gehören, für die folgende Betrachtung nicht in Frage kommen. Sie unterliegen ausnahmslos dem sachenrechtlichen Regelrecht.

a) Verbindung.

Wird ein Schuldschein mit einem anderen Gegenstande derart verbunden, daß er wesentlicher Bestandteil einer einheitlichen Sache wird, ohne doch aufzuhören, ein Schuldschein zu sein, — heftet oder klebt ihn z. B. der Rechtsanwalt des Gläubigers in seine Handakten ein —, so wird der bisherige Alleineigentümer der Urkunde im entsprechenden Verhältnis Miteigentümer des Faszikels; § 947 Abs. 1 BGB. bleibt unverändert in Geltung.

Geschieht die Einverleibung des Schuldscheines dagegen in der Weise, daß er aufhört, als Schuldschein zu existieren, und ganz in der anderen Sache als der Hauptsache aufgeht, — klebt ihn also z. B. der Buchbinder als Falz in den Rücken eines Buches — so erlischt das Eigentum des Gläubigers am Schuldschein zugunsten des Eigentümers des Buches. § 947 Abs. 2 BGB.

b) Verarbeitung.

Wird der Schuldschein derart verarbeitet oder umgebildet, daß er seine Schuldscheinqualität aufgibt und zu einer neuen beweglichen Sache wird, — stampft man ihn also etwa ein und stellt aus der Masse einen Papiermachégegenstand her, so wird niemand bezweifeln, daß der Spezifikant Eigentümer der neuen Sache wird. Der Fall, daß der Wert einer solchen Verarbeitung erheblich geringer ist als der des verarbeiteten Stückes Papier, was den Eigentumserwerb des Spezifikanten ausschließen würde, ist nicht wohl denkbar (§ 950 Abs. 1 S. 1 BGB.).

c) Bearbeitung.

Wird an dem Schuldscheine nur eine Bearbeitung der Oberfläche (gemäß § 950 Abs. 1 S. 2 BGB.) vorgenommen, so daß das Papier seine Eigenschaft als Beweisurkunde für die Forderung nicht verliert, — entwirft z. B. ein Ingenieur auf der Rückseite eines fremden Schuldscheins, den er für einen wertlosen Zettel hält, eine unersetzliche Konstruktionszeichnung, — so treten § 950 und § 952 in Konflikt, drei Lösungen sind dialektisch denkbar:

1. § 952 als exzeptionellste Norm dringt durch. Dagegen aber ist einzuwenden, daß dieser Paragraph ausdrücklich nur von Schuldscheinen, d. h. von Nur-Schuldscheinen spricht. Ihn in seiner ganzen Schärfe auch auf Urkunden, die neben ihrer Funktion als Schuldscheine noch alle möglichen anderen haben, ausdehnen zu wollen, haben wir schon oben als eine zu kühne Verallgemeinerung erkannt.

2. § 950 und § 952 treten konkurrierend nebeneinander, jeder von ihnen äußert unbeschadet des anderen seine Wirksamkeit: der Gläubiger sowohl wie der Spezifikant haben Eigentum, und zwar Miteigentum, an dem Papiere.

Indes diese Lösung wäre willkürlich und unpraktisch. Das Bestreben des § 950 ist, in dem Interessenkonflikte des Spezifikanten und des Materialeigentümers glatte, definitive Verhältnisse zu schaffen, darum entscheidet er schroff: entweder — oder, und läßt für die zweifelhaften Zwischenfälle, wo der Wert der Bearbeitung und der des Stoffes sich annähernd die Wage halten, auch keine halbschürige Lösung durch Miteigentum zu. Die Beteiligten selbst würden sich dabei wahrscheinlich am wenigsten zufrieden geben. Gestände man etwa in unserem Beispiele dem Gläubiger und dem Ingenieur das Miteigentum an dem bearbeiteten Schuldscheine zu, so würden sie sich jedenfalls alsbald in der Weise einigen, daß derjenige von ihnen, für den das fragliche Stück Papier leichter zu ersetzen ist, eine Kopie nimmt, der andere das Original behält.

3. So werden wir zu der dritten denkbaren Lösung gedrängt: § 950 behält auch dem § 952 gegenüber seine volle Geltung.[1] Man bedenke: der Eigentumserwerb nach § 950 setzt Herstellung einer neuen beweglichen Sache voraus. Der dem Papier durch die Zeichnung, Malerei, Schrift usw. neu aufgeprägte Charakter muß also seinen ursprünglichen Charakter als Schuldschein so stark überwiegen, daß dieser völlig hinter jenem zurücktritt. Außerdem darf der Wert der Umbildung nicht erheblich geringer sein als der Wert des Stoffes: als Wert des Stoffes aber kann billigerweise, da das Papier nicht aufhört, Schuldschein zu sein, nicht der bloße Papier-

[1] Abw. die gesamte dem Verf. bekannt gewordene Literatur.

preis in Frage kommen, vielmehr muß der besondere Wert des Blattes als Schuldschein in angemessener Weise berücksichtigt werden. Hiernach ist es so wesentlich erschwert, ein Stück Papier, das unter der Herrschaft des § 952 steht, durch Bearbeitung der Oberfläche sich anzueignen, daß man in den wenigen Fällen, wo der Spezifikant die oben dargelegten Voraussetzungen wirklich erfüllt, seinem außergewöhnlich starken Interesse unbedenklich den Schutz des § 950, auch gegenüber dem § 952, angedeihen lassen kann. Zur Unterstützung dieser Ansicht sei daran erinnert, daß gerade die völlige Wertlosigkeit des normalen Schuldscheines für jeden anderen als den Gläubiger und dem gegenüber der hohe Wert der Urkunde für den Gläubiger die grundlegende Erwägung für die Bestimmung des § 952 abgegeben haben; es liegt nicht in der Absicht dieser Vorschrift, um des Gläubigerinteresses am Schuldschein willen irgend ein wirklich beachtliches Interesse dritter Personen zu beschneiden.

Mit jedem durch Verbindung oder Spezifikation verursachten Rechtsverluste des Gläubigers wird die Ersatzpflicht des Erwerbers nach § 951 BGB. begründet. Daneben aber ist dem Gläubiger, was wichtiger ist, in diesen Fällen stets der Anspruch auf Erteilung einer öffentlich beglaubigten Abschrift der Schuldbescheinigung zuzubilligen. Das steht zwar nirgends im Gesetz, kann aber wohl mit Recht aus § 444 BGB. gefolgert werden.

In all den genannten Fällen wird der Übergang des Eigentums am Schuldschein auf einen anderen als den Gläubiger nur dadurch gerechtfertigt, daß das Papier in seiner äußeren Beschaffenheit gänzlich oder doch im wesentlichen aufgehört hat, Schuldschein zu sein. Wo kein Schuldschein ist, hat der § 952 seine Macht verloren. In den folgenden Fällen dagegen bleibt der Schuldschein, was er ist. Hier ist daran festzuhalten, daß § 952 dazu da ist, zu verhindern, daß die Urkunde, die nur für den Gläubiger Wert hat, ohne dessen Willen in fremde Hände kommt: denn wenn die Rechtsverbindung von Urkunde und Forderung einmal zustande gekommen ist, soll sie — so will § 952 verstanden sein — nur durch den Gläubiger selbst gelöst werden können.

d) Fund.[1]

Der Erwerb des Eigentums an einem gefundenen Schuldschein nach § 973 BGB. ist daher ausgeschlossen. Wenn der Gläubiger die Urkunde verliert, so bleibt er darum doch Gläubiger und kraft seiner Gläubigerschaft Eigentümer des Schuldscheins; daran ändert auch kein Zeitablauf etwas. Zediert er die Forderung, so erwirbt der Zessionar auch an der abhanden gekommenen Urkunde, von deren Existenz er vielleicht gar nichts weiß, das Eigentum.

Der Finderlohn für den verlorenen Schuldschein wird weder nach dem bloßen Papierwert noch nach dem Werte der verbrieften Forderung — denn nicht diese ist gefunden worden — zu bemessen sein, vielmehr entscheidet hier billiges Ermessen (§ 971 Abs. 1 Satz 3 BGB.).

e) Ersitzung.[1]

Auch ersessen kann das Eigentum an einem Schuldscheine nicht werden. Selbst angenommen, daß ein Nichtgläubiger, was z. B. bei einem Sparkassenbuche denkbar wäre, den Schuldschein gutgläubig besäße, so bleibt doch — eben wegen der relativen Untrennbarkeit des Urkundeneigentums vom Forderungsrecht —, der Gläubiger Eigentümer des Schuldscheins, solange er selbst es nicht anders will. Eine Ersitzung der Urkunde aber auf dem Wege einer Ersitzung der Forderung ist deswegen ausgeschlossen, weil an Forderungen begrifflich kein Besitz, mithin auch keine Ersitzung möglich ist.

f) Gutgläubiger Erwerb von einem Nichtberechtigten.

Über die Frage, ob die Grundsätze über gutgläubigen Eigentumserwerb an Fahrnis auch auf den Schuldschein anwendbar sind, herrscht starke Meinungsverschiedenheit. Mehrfach wird in der Literatur die Meinung vertreten, daß der Ausschluß des gutgläubigen Erwerbs für den Schuldschein gerade eine der augenfälligsten und bezeichnendsten Wirkungen des § 952 sei.[2] Andere[3]

[1] Ebenso Strohal, Recht 1901.

[2] So z. B. Kohler, Biermann.

[3] So u. a. Planck, Staudinger.

nehmen das Gegenteil an und ziehen vor allem daraus, daß man die Fassung des § 1109 Abs. 1 des festen Entwurfs, „das Eigentum am Hypothekenbrief ist untrennbar mit dem Hypothekenrechte verbunden," nicht in unseren § 952 herübergenommen hat, die Schlußfolgerung, man habe gutgläubigen Erwerb am Schuldscheine nicht gerade grundsätzlich ausschließen wollen.

Die letztere Ansicht irrt in ihren Voraussetzungen. Auch unser § 952 erklärt ja die Verbindung von Schuldschein und Forderung für untrennbar, nur mit dem einzigen Vorbehalt, daß der Gläubiger selbst sie trennen kann. Diese relative Untrennbarkeit steht in der Tat dem Erwerb des Eigentums an einem Schuldscheine durch einen gutgläubigen Dritten (§§ 932—934 BGB.) unter Loslösung von der Forderung entgegen.

Doch scheint für einen besonderen Fall eine besondere Erwägung am Platze. Der „gute Glaube", wie er in den §§ 932 ff. vorausgesetzt wird, bedeutet die irrige Annahme des Erwerbers, daß der Veräußerer die vorliegende Verfügung vollwirksam treffen könne. Soll dies für den Erwerber einer Schuldurkunde zutreffen, so muß der gute Glaube sich auch noch darauf erstrecken, daß das Recht am Papier von dem Rechte aus dem Papier getrennt worden sei. Erst dann — dann aber auch vollständig — stimmt die Analogie zu den gewöhnlichen Fällen gutgläubigen Erwerbes: der Erwerber glaubt in der Person des Veräußerers alle rechtlichen Voraussetzungen der Veräußerung erfüllt. Beispiel: Der Gläubiger A leiht einem Dritten B eine Schuldurkunde von hohem Autogrammwert zu graphologischen Studien. Dieser veräußert sie an den Raritätenhändler C mit der Versicherung, er, B, sei Eigentümer und habe das Schriftstück von dem Gläubiger der Forderung A unter Trennung von dem beurkundeten obligatorischen Recht gekauft. Es liegt nahe, in einem solchen Falle dem C das Eigentum an der Urkunde kraft seines besonders geeigenschafteten guten Glaubens zuzusprechen. — Indes, so verführerisch diese Analogie an sich auch sein mag, möchten wir sie doch als bedenklich ablehnen: das widerstreitende Interesse des gutgläubigen Dritten fällt gegenüber dem Interesse des Gläubigers an der Urkunde doch nicht so gewichtig in die Wagschale, um es zu rechtfertigen, daß an dieser einen Stelle das sonst so streng festgehaltene Grundprinzip des § 952 durchbrochen würde.

Die Frage, ob das Eigentum am Schuldscheine mittelbar durch „gutgläubigen" Erwerb der Forderung erworben werden kann, ist im allgemeinen zu verneinen. Bei obligatorischen Rechten kennt das Bürgerliche Gesetzbuch keinen Übergang des Rechts zufolge Verfügung eines Nichtberechtigten, hier gilt uneingeschränkt der Satz: Nemo plus juris in alterum transferre potest quam ipse habet.

Fünf Ausnahmefälle kennt aber das Gesetz, wo im Interesse der publica fides der Erwerb eines Forderungsrechtes — und damit gleichzeitig auch der Erwerb eines Schuldscheins — kraft guten Glaubens für zulässig erklärt ist.

1. Der öffentliche Glaube des Grundbuchs schützt denjenigen, der von einem zu unrecht im Grundbuche eingetragenen Hypothekar gutgläubig im Sinne des § 892 BGB. das eingetragene Recht übertragen erhält: er wird gültig Hypothekar und dadurch gleichzeitig Eigentümer des etwa vorhandenen Briefes.

2. Dasselbe gilt, wenn jemand die Hypothek von einem Nichtberechtigten im Vertrauen auf die Richtigkeit des Hypothekenbriefes, der einen falschen als Hypothekar bezeichnet, erwirbt (§ 1155 BGB.).

3. Wer fälschlicherweise auf einem Erbscheine als Erbe steht, überträgt, wie andere Gegenstände, so auch Forderungen, soweit sie zum Nachlasse gehören, gültig auf Dritte, die gutgläubig auf die Richtigkeit des Erbscheines vertrauen (§ 2366 BGB.).

4. In der gleichen Weise wirkt ein unrichtiges Testamentsvollstreckerzeugnis. Ist auf einem solchen jemand fälschlich als Testamentsvollstrecker bezeichnet, so sind dessen Verfügungen über Nachlaßforderungen gutgläubigen Dritten gegenüber gültig (§ 2368 Abs. 3 S. 1 BGB.).

5. Ist endlich eine noch lebende Person für tot erklärt worden, so ist doch eine Zession seitens desjenigen, der auf Grund der Todeserklärung Erbe sein würde, wenn sie eine zu seinem Scheinerbrecht gehörende Forderung zum Gegenstande hat, Dritten gegenüber rechtswirksam, falls diese auf die Richtigkeit der Todeserklärung vertraut haben (§ 2370 BGB.).

In allen diesen Fällen erwirbt der gutgläubige Zessionar kraft § 952 BGB. mit der Forderung auch das Eigentum an der darüber ausgestellten Urkunde.

6. Rechte Dritter am Schuldscheine nach § 952.

Es wurde schon oben als eine der wesentlichsten Schranken des Eigentums am Schuldschein, die sich rechtslogischerweise aus dem zubehörähnlichen Verhältnisse des Schuldscheins zur Forderung ergibt, hervorgehoben, daß eine jede Belastung der Forderung mit dem Rechte eines Dritten von selbst auch den Schuldschein mit ergreift. Um darüber keinen Zweifel aufkommen zu lassen, bestimmt das Gesetz ausdrücklich im Satz 2 des 1. Absatzes des § 952: „Das Recht eines Dritten an der Forderung erstreckt sich auf den Schuldschein". In Betracht kommen nur Nießbrauch (§§ 1068 ff. BGB.) und Pfandrecht (§§ 1273 ff. BGB.); andere „dingliche" Rechte an Rechten, oder richtiger ausgedrückt, andere Arten der Belastung eines Rechts, die gleichnamigen sachenrechtlichen Belastungstypen entsprechen, kennt das Gesetzbuch nicht.

a) Begründung von Rechten Dritter nach § 952.

Die vertragsmäßige Belastung einer Forderung mit einem Nießbrauch oder Pfandrecht vollzieht sich in den Formen, die für die Übertragung der Forderung vorgeschrieben sind (§§ 1069 Abs. 1, 1274 Abs. 1 BGB.), wobei für die Pfandbestellung an einer Forderung, zu deren Übertragung der Abtretungsvertrag genügt, noch die Anzeige an den Schuldner als besonderes Erfordernis hinzutritt (§ 1280 BGB.). Ist das Recht an der Forderung gültig begründet, so ist damit gleichzeitig zugunsten desselben Berechtigten ein entsprechendes dingliches Recht an dem Schuldscheine entstanden. Einer besonderen Übergabe, die sonst zur Begründung von Nießbrauch oder Pfandrecht an körperlichen Sachen notwendig ist, bedarf es zur Entstehung dieser Rechte am Schuldscheine nicht — ausgenommen die Fälle, wo schon die Übertragung, mithin die Belastung der Forderung nicht ohne Übergabe des Papiers geschehen kann (Anweisung, Hypothekenbrief).

Ein gesetzliches Pfandrecht am Schuldschein kraft § 952 ist nicht denkbar, weil ein gesetzliches Pfandrecht an Forderungen nicht entstehen kann; — hätten wir noch die römisch-rechtliche Generalhypothek an einem Gesamtvermögen, so wäre es anders. Das gesetzliche Pfandrecht z. B. des Grundstücksvermieters erstreckt sich also nicht auf Sparkassenbücher, Hypothekenbriefe usw. des Abmieters. Einen gesetzlichen Nießbrauch an Forderungen, der vom Gesetz so bezeichnet würde, kennt unser Recht gleichfalls nicht. Doch ist das gesetzliche Nutznießungsrecht des Ehemanns am eingebrachten Gut der Frau, des Vaters am Kindesvermögen, soweit es sich auf Forderungen bezieht, unbedenklich auch auf die dazu gehörigen Schuldscheine zu erstrecken.

Das Pfändungspfandrecht in der Zwangsversteigerung bietet grundsätzlich keine Besonderheiten. Hat der Gläubiger das pignus judiciale an der Forderung erlangt, das nach den besonderen Vorschriften der Zivilprozeßordnung entsteht (§ 829), mit bestimmten Modifikationen für den Hypothekenbrief (§§ 830, 837), die hier nicht weiter interessieren, so hat er damit, über den persönlichen Herausgabeanspruch aus § 836 Abs. 3 ZPO. hinaus, kraft § 952 ein dringliches Recht am Schuldscheine erworben.

So ist also auch, was die Belastung mit Rechten Dritter betrifft, das Rechtsschicksal der Sache Schuldschein rein obligationenrechtlichen Grundsätzen unterworfen. Aus diesem Grunde kann von einer Ersitzung des Pfandrechts oder Nießbrauchs am Schuldscheine oder von einem Erwerb dieser Rechte nach den Vorschriften über Verfügungen Nichtberechtigter gutgläubigen Dritten gegenüber — mit Ausnahme der wenigen oben aufgeführten Fälle — nicht die Rede sein.

b) Inhalt der Rechte Dritter am Schuldscheine nach § 952.

Das Recht, das auf die angegebene Weise kraft § 952 für einen Dritten am Schuldschein begründet wird, ist nun nicht etwa dasselbe Recht, das der Dritte an der Forderung hat; denn das Recht an der Forderung hat keinen dinglichen Charakter, wenn es auch den Namen eines Sachenrechts trägt, das Recht am Schuldschein dagegen ist ein wirkliches dingliches Recht. Der Inhalt dieses Rechts bestimmt sich (wie der des Eigentums am Schuldschein) in erster Linie nach den allgemeinen Bestimmungen über Nießbrauch und Pfandrecht an beweglichen Sachen. Jedoch beschränken sich diese Rechte bei näherem Zusehen ganz erheblich. Das liegt einmal im Wesen des belasteten Objekts selbst begründet. Sowohl ein eigentlicher Nießbrauch im Sinne des § 1030 als ein eigentliches Pfandrecht im Sinne des § 1204 ist an einem gewöhnlichen Schuldschein begrifflich nicht möglich, da einem Stück Papier sowohl ein selbständiger Nutzungswert wie ein selbständiger Verkaufswert völlig fehlt. Aber auch wo der Begründung eines solchen Rechts am Schuldscheine an sich nichts im Wege stände, also bei Schuldscheinen mit eigenem Vermögens- (etwa Autogramm-) Wert, liegt es doch keineswegs im Sinne des § 952, auf Grund etwa eines Forderungspfandrechts ein selbständiges Faustpfandrecht mit allen seinen Wirkungen an dem betreffenden Urkundspapier entstehen zu lassen. Das Pfandrecht an der Forderung ergreift vielmehr den Schuldschein nur insoweit, als er der Forderung dient, Beweisurkunde für sie ist; in seinem Vermögen soll der Eigentümer des Schuldscheins nicht geschädigt werden.

Beispiel: A hat dem B für eine Schuld von 50 Mark eine ihm zustehende Forderung in gleicher Höhe und damit kraft § 952 auch einen Schuldschein von 50 Mark Autogrammwert verpfändet. B hat hier nicht die Wahl, ob er zur Realisierung seines Pfandrechts die verpfändete Forderung einziehen oder, was vielleicht bequemer und sicherer ist, den Schuldschein versteigern soll; er hat vielmehr nur die erstere Möglichkeit und muß, nachdem die gepfändete Forderung eingezogen ist, dem A die wertvolle Urkunde zurückgeben.

Was demnach den ganzen Inhalt dieses sogenannten Pfandrechts bzw. Nießbrauchs am Schuldscheine ausmacht, ist gerade nicht das, was für die genannten Rechte eigentlich charakteristisch ist (Distraktionsrecht, Nutzungsrecht), sondern lediglich ein dingliches Besitzrecht mit den gegen jeden Dritten gerichteten Ansprüchen vindikatorischen und negatorischen Charakters, die den Eigentumsklagen entsprechen (§§ 1068 Abs. 2, 1065; 1273 Abs. 2, 1227 BGB.). Eines weiteren benötigt aber der Nießbraucher bzw. Pfandgläubiger auch gar nicht, es genügt für seine Zwecke, wenn er die Schuldurkunde als den Schlüssel zur Verwertung des Forderungsrechts in Händen hat.

c) Beendigung der Rechte Dritter am Schuldscheine nach § 952.

Erlischt für den Berechtigten sein Recht an der Forderung, so muß gleichzeitig auch das entsprechende Recht am Schuldscheine erlöschen: das Eigentum des Bestellers des erloschenen Rechts konsolidiert sich von selbst wieder. Das gilt auch dann, wenn das Erlöschen des Rechts an der Forderung in der Form geschieht, daß die Forderung selbst erlischt,[1] z. B. der Nießbraucher zieht die Forderung gemäß § 1074 BGB. ein. In diesem Falle ist die Rechtsverbindung zwischen dem Schein und der Forderung aufgehoben; das freie Eigentum des Bestellers jenes Rechts an der Forderung lebt dann nicht aus dem Grunde wieder auf, weil die Forderung an ihn zurückfiele, sondern weil, wie noch darzulegen ist, sein Eigentum an dem Schuldbriefe auch nach dem Erlöschen der Forderung fortdauert.

7. Gesonderte Rechte Dritter bezüglich des Schuldscheins.

a) Pfandrecht.

Auch hinsichtlich der Belastung ist festzuhalten, daß der § 952 dem Gläubiger das volle Eigentum am Schuldscheine gewähren will, also das volle Recht, über die Urkunde selbständig zu verfügen, mithin auch sie selbständig zu belasten. Liegt daher die begriffliche Voraussetzung einer Belastung der Urkunde mit dem Rechte eines Dritten vor — das heißt eigener Vermögenswert der Urkunde —, so steht der Begründung gesonderter Rechte Dritter an ihr grundsätzlich nichts im Wege. Jedoch bedeutet eine solche Verpfändung des Schuldscheins durch den Gläubiger ohne Verpfändung des Forderungsrechts, wenn der Dritte ein echtes Faustpfand mit Distraktionsbefugnis erlangen soll, stets die Zerreißung des Zusammenhangs zwischen Urkunde und Forderung: die Urkunde hört dadurch auf, Schuldschein im Sinne des § 952 zu sein, sie hat nur noch Bedeutung als Autogramm oder was ihr sonst selbständigen Vermögenswert verleihen mag. Denn ein Distraktionspfandrecht, das jederzeit durch rei

[1] Abw. Rauth.

vindicatio seitens des Gläubigers oder eines Zessionars illusorisch gemacht werden könnte, wäre ein Widerspruch in sich selbst.

b) Vertragsmäßiges Zurückbehaltungsrecht.

„Verpfändet“ nun aber doch der Gläubiger seinen Schuldschein, etwa ein Sparkassenbuch oder einen Hypothekenbrief, ohne gleichzeitig die Forderung zu verpfänden, jedoch auch ohne die Urkunde dadurch von dem Rechte loßreißen zu wollen, so kann durch eine solche Verfügung nimmermehr ein wirkliches Faustpfand mit Befriedigungsbefugnis begründet werden. Jedoch ist die Verfügung deswegen noch nicht wirkungslos, vielmehr bedeutet sie die Einräumung eines Besitzrechts an dem Papiere, und zwar ebensowohl, wenn die Parteien nichts anderes als dies beabsichtigt haben, als auch dann, wenn sie etwa rechtsirrtümlich geglaubt haben, sie könnten ein echtes Faustpfand an dem Schuldscheine bestellen.

Eine solche Gewährung gesonderten Besitzrechts aber, die ja auch — um der Analogie zu gedenken — an Zubehörstücken unbeschadet ihrer Zubehöreigenschaft als möglich anerkannt ist, bietet trotz der Wertlosigkeit des Papiers an sich doch dem Retentionsberechtigten immerhin einige Sicherheit, da der aus dem Schuldbriefe Berechtigte ein dringendes Interesse daran hat, das Papier, das ihm die Geltendmachung seiner Forderung erleichtert oder, wie z. B. beim Hypothekenbriefe, überhaupt erst ermöglicht, einzulösen.

Der also Retentionsberechtigte darf für die Dauer des Rechtsverhältnisses die Urkunde dem Eigentümer vorenthalten, er hat gegen eine rei vindicatio aus § 952 die Einrede aus § 986 Abs. 1 S. 1.

Wie aber, wenn inzwischen die Forderung abgetreten wird? Gilt das Zurückbehaltungsrecht auch Dritten, insbesondere auch dem Zessionar gegenüber? Mit anderen Worten: Ist es ein dinglich wirkendes oder nur ein persönliches Recht? Hierüber gehen die Ansichten schroff auseinander.[1] Man hat für die Behauptung,

---

[1] Für dingliche Wirkung: Planck, Staudinger, Stobbe-Lehmann (S. 425), Leske; dagegen: Goldmann-Lilienthal, Förster-Eccius, Rauth. Vgl. Reichsger., Entsch. in Zivils. Bd. 3 S. 154; Bd. 10 S. 40; Bd. 15 S. 58; Bd. 16 S. 169; Bd. 17 S. 58; Bd. 20 S. 133; Bd. 39 S. 284; Bd. 51 S. 83.

das Retentionsrecht am Schuldscheine wirke nur persönlich, hauptsächlich zwei Gründe angeführt: der Zessionar erwerbe die Forderung unbelastet mit Rechten Dritter, mithin müsse er auch den Schuldschein lastenfrei erwerben; und sodann könne der Retinent dem neuen Eigentümer der Urkunde schon deswegen keine Einrede aus dem Vertrage mit dem Zedenten entgegensetzen, weil eine solche Einwendung gemäß § 986 Abs. 2 nur dann möglich sei, wenn das Eigentum an der zurückbehaltenen Sache durch Vindikationszession gemäß § 931 BGB. übertragen worden sei, während hier das Eigentum an der Urkunde kraft Gesetzes auf den neuen Gläubiger übergegangen sei. Hiergegen ist auf folgendes hinzuweisen: der Zessionar erwirbt die Forderung in demselben Zustande, wie sie der Zedent gehabt hat. Nun war die Forderung vor der Abtretung zwar nicht mit Rechten Dritter im technischen Sinne belastet, doch hatte der Besitzer der Schuldurkunde kraft seines Zurückbehaltungsrechts dem alten Gläubiger gegenüber die vertragsmäßige Befugnis, die Realisierung der Forderung zu erschweren oder sogar unmöglich zu machen, — das ist ja eben der Sinn und Zweck dieses Retentionsrechts —; diese Befugnis aber verhält sich zu einem echten „Rechte eines Dritten" an der Forderung ähnlich wie das Zurückbehaltungsrecht an einer Sache zu einem Sachenpfandrecht; und mit einer solchen Erschwerung behaftet soll die Forderung im Zweifel auch auf den neuen Gläubiger übergehen. Was wäre das auch für ein Retentionsrecht am Schuldscheine, das der Besteller selbst jederzeit durch Abtretung der Forderung (soweit sie ohne den Schuldschein überhaupt abtretbar ist, z. B. Sparkassenguthaben) zunichte machen könnte. Das Bedenken, das aus dem Wortlaute des § 986 Abs. 2 hergeleitet wird, kann auch nicht den Ausschlag gegen die hier vertretene Ansicht geben. Nimmt man nämlich die Bestimmungen der §§ 986 Abs. 2 und 404 („der Schuldner kann dem neuen Gläubiger die Einwendungen entgegensetzen, die zur Zeit der Abtretung der Forderung gegen den bisherigen Gläubiger begründet waren") zusammen, so kann man die analoge Ausdehnung des § 986 Abs. 2 auch auf die Fälle des Eigentumsübergangs kraft § 952 gelegentlich einer Forderungsabtretung unbedenklich als im Sinne des Gesetzgebers liegend bezeichnen.

Wir kommen also zu dem Ergebnis, daß an Schuldscheinen des § 952 zwar kein gesondertes Faustpfandrecht, wohl aber ein gesondertes Zurückbehaltungsrecht mit dinglicher Wirkung begründet werden kann, nicht unähnlich den Pfandtypen des älteren römischen Rechts insofern, als es ein wirksames Druckmittel gegen den Besteller ohne Befriedigungsmöglichkeit darstellt.

Im Konkurse des Eigentümers der Urkunde gibt dieses dingliche Zurückbehaltungsrecht gleichwohl kein Absonderungsrecht; denn es ist in der Aufzählung der §§ 48, 49 KO., die erschöpfend sein will, nicht aufgeführt.

c) Gesetzliche Zurückbehaltungrechte.

Mit denselben Wirkungen wie das vertragsmäßige, kann auch beim Vorliegen der Voraussetzungen des § 273 BGB. ein gesetzliches Zurückbehaltungsrecht am Schuldschein entstehen. Hat also z. B. A dem B eine Forderung entgeltlich abgetreten, den dazu gehörigen Schuldschein aber noch nicht ausgeliefert, so kann er die Herausgabe des Schuldscheins an B so lange verweigern, als dieser ihm das geschuldete Äquivalent nicht geleistet hat; aber auch ein fernerer, C, dem B die Forderung abgetreten hat, vermöchte so lange mit seiner Vindikation gegen A. nicht durchzudringen.

Sind die Voraussetzungen für die Begründung eines kaufmännischen Zurückbehaltungsrechts an Urkunden des § 952 gegeben (§§ 369f. HGB.), so gelangt auch ein solches Recht zur Entstehung. Doch verhält es sich mit diesem kaufmännischen Zurückbehaltungsrechte an Schuldscheinen ähnlich wie mit dem oben besprochenen Nießbrauch bzw. Pfandrecht kraft § 952: das Recht hat nicht seinen vollen Inhalt; soweit das kaufmännische Retentionsrecht mit dem Wesen des retinierten Gegenstands und mit der Bestimmung des § 952, der eine Trennung von Urkunde und Forderung verhindern will, nicht vereinbar ist, kann es nicht in Wirksamkeit treten: so stellt es sich nur als ein Recht auf Besitzvorenthaltung, nicht als ein Recht dar, das eine selbständige Befriedigungsmöglichkeit gewährt.

8. Verlust des Eigentums am Schuldschein.

a) Während des Bestehens der Forderung.

Solange die Verknüpfung von Urkunde und Forderung fortdauert, zieht jeder nach Obligationenrecht erfolgende Verlust der Forderung zugunsten eines neuen Gläubigers auch den entsprechenden Verlust des Eigentums an der Urkunde nach sich.

Dagegen führt, wie bereits oben besprochen, Verlust der Urkunde auch beim Vorliegen der Voraussetzungen des § 973 nicht zum Verluste des Eigentums an ihr. Ist der Hypothekenbrief abhanden gekommen und gemäß § 1162 BGB. durch Aufgebotsverfahren für kraftlos erklärt worden, so ist, was das Eigentum an dem abhanden gekommenen Briefe betrifft, die Herbeiführung der Kraftloserklärung durch den Hypothekengläubiger als Betätigung einer Dereliktionsabsicht zu deuten.

Die Möglichkeit, das Eigentum am Schuldscheine durch Dereliktion ohne gleichzeitigen Verzicht auf die Forderung aufzugeben, ist dem Gläubiger trotz der gesetzlichen Zugehörigkeit des Schuldscheins zum Rechte nicht abzusprechen. Denn der § 952 will ja dem Gläubiger das Eigentum am Schuldscheine nicht wider seinen Willen aufzwängen. Jedoch erwirbt dann an dem etwa weggeworfenen und nun in dritten Händen befindlichen Schuldscheine der Zessionar nicht etwa Eigentum: denn durch die Dereliktionshandlung hat der Gläubiger gleichzeitig den Willen betätigt, der Urkunde den Charakter eines Schuldscheins im Sinne von § 952 zu nehmen; das Papier ist dadurch herrenlose Sache ohne irgend welches Sonderrecht geworden und unterliegt in seinem weiteren Rechtsschicksal den gewöhnlichen Regeln des Sachenrechts. Die Frage, ob eine Dereliktion des Schuldscheins concludenter einen Verzicht auf die Forderung bedeutet, ist nach den Umständen des Falls zu beurteilen, im Zweifel zu verneinen und gehört nicht hierher.

Nur erwähnt sei endlich, daß durch Zerstörung des Schuldscheins natürlich auch das Eigentum daran vernichtet wird.

b) Nach Erlöschen der Forderung.

Lebhafter Streit besteht darüber, wem der Schuldschein nach dem Erlöschen der Forderung gehört. Die herrschende

Meinung[1] bezeichnet es als eine unabweisliche Folgerung aus § 952, daß das Eigentum des Gläubigers, das nur mit seiner Gläubigerschaft begründet, nur durch seine Gläubigerschaft gerechtfertigt ist, ipso jure auch mit dem Erlöschen der Gläubigerschaft aufhören müsse: das Eigentum an dem Papiere falle dann mit Rechtsnotwendigkeit an den Schuldner zurück.

Eine Ausnahme hiervon muß auch von den Vertretern dieser Ansicht zugestanden werden, nämlich bezüglich des Hypothekenbriefs. Erlischt die hypothekarisch gesicherte Forderung, so erwirbt, weil die Hypothek nicht untergeht, sondern sich in eine Eigentümerhypothek bzw. -grundschuld verwandelt, der Grundstückseigentümer das Eigentum am Hypothekenbriefe. Wird die Hypothekenforderung nur teilweise getilgt, so erwirbt der Eigentümer des Grundstücks Miteigentum am Briefe, kann aber nicht Herausgabe des Briefs verlangen, sondern hat nur die Ansprüche aus § 1145 BGB.

In den übrigen Fällen gehen die Verfechter der Meinung, daß der Schuldschein nach Tilgung der Forderung an den Schuldner falle, zumeist davon aus, daß die Urkunde, ehe sie in das Eigentum des Gläubigers eintrat, dem Schuldner gehört habe: dessen Eigentum am Papier sei nur während des Bestehens der Forderung durch das Gläubigereigentum erdrückt worden und richte sich nun nach Beseitigung der Forderung elastisch von selbst wieder auf. Und neben diesen rechtsmechanischen Erwägungen wird dann zur Bestärkung noch auf das Interesse hingewiesen, das der Schuldner am Besitze des erledigten Schuldscheins habe. Die erste Reihe dieser Argumente paßt nicht für den Fall, daß der Schuldschein von Anfang an nicht dem Schuldner, sondern dem Gläubiger gehört hat, und die zweite Serie läßt uns im Stich, wenn in der Person des Schuldners eine Wechsel eingetreten ist.

Doch bleiben wir einmal bei dem oben gedachten Normalfall. Nach der erwähnten Ansicht erhält hier der Gläubiger das Eigentum am Schuldschein stets nur bedingt bzw. befristet übertragen, nämlich unter der auflösenden Bedingung oder Befristung: bis zum etwaigen Erlöschen der Forderung. Niemand wird be-

---

[1] Vgl. Hedemann, Siegel, zuletzt Rauth. Abw. Landé.

zweifeln, daß in der Tat bei dem Akte, durch den das Rechtsschicksal der Urkunde mit dem der Forderung verknüpft wird („Widmungsvertrag“), diese Verkettung durch ausdrückliche Parteiverabredung rechtswirksam in der angegebenen Weise bedingt oder befristet werden kann. Aber bedenklich erscheint es, diese Bedingtheit des Gläubigereigentums an der Urkunde als die gesetzliche Regel hinzustellen. Wie verträgt sich das damit, daß bei der erstmaligen Verknüpfung von Recht und Urkunde dem Gläubiger, wie mehrfach hervorgehoben worden ist, das volle Eigentum an dem Papiere mit allen rechtlichen Wirkungen des Eigentumsbegriffs übertragen wird: von einer Bedingung etwa des Inhalts, daß der Zusammenhang zwischen Urkunde und Forderung gewahrt bleiben müsse, ist so wenig die Rede, daß der Gläubiger eben kraft seiner Machtvollkommenheit als Eigentümer die Rechtsverbindung von Urkunde und Forderung jederzeit nach Belieben lösen, das Papier vernichten oder durch Wegwerfen dem gewöhnlichen Schicksal herrenloser Sachen preisgeben kann. Oder sollte etwa gar während der Schwebezeit dieser condicio juris in Analogie von § 161 Abs. 2, 163 BGB. jede Verfügung des Gläubigers über den Schuldschein, die den schließlichen Heimfall der Urkunde an den Schuldner vereiteln würde, unwirksam sein, so daß von dieser Seite her der dispositive Charakter des § 952 in Abrede zu stellen wäre?

Nun wird aber weiter argumentiert: das Bestehen der Forderung sei der einzige Grund gewesen, der die Aufstellung einer vom Regelrecht abweichenden Sondernorm gerechtfertigt habe; mit dem Wegfall der Forderung müßten daher auch die allgemeinen Regeln wieder in Geltung treten. Dieser Gedanke läßt sich allenfalls auch gegen jene Meinung verwenden: denn ist der eigenartige rechtliche Zusammenhang der Urkunde mit einem Forderungsrechte durch dessen Untergang ein für allemal zerrissen, so unterfällt das übrig bleibende Stück Papier sofort — handgreiflich gesprochen, wo es gerade liegt — dem allgemeinen Sachenrecht, das vor allem erworbene Rechte schützt. Wer der Eigentümer des Papiers geworden ist, als es noch ein wertvolles Beweismittel eines lebendigen Rechts war, bleibt es auch dann wenn gleichsam nur noch die Schlacke übrig ist.

Endlich ist noch damit operiert worden, daß § 371 BGB. dem Schuldner einen Anspruch auf Rückgewähr des Schuldscheins zubilligt und dabei nicht von Rückübereignung, sondern nur von Rückgabe spricht; unter Rückgabe, Rückübergabe verstehe das Gesetz aber, wie aus §§ 433, 929 BGB. hervorgehe, nur Besitz-, nie Eigentumsübertragung; so weise die Ausdrucksweise des § 371 darauf hin, daß der Schuldner hier schon als Eigentümer des ehemaligen Schuldscheins gedacht sei. In der Tat mag die Terminologie des Gesetzes bei dem Worte „Übergabe" so peinlich sein: bei den übrigen Zusammensetzungen mit „geben" ist sie es nicht, wie z. B. ein Vergleich der §§ 931 (Herausgabe = Besitzerstattung an den Eigentümer) und 2374 (Herausgabe = Übereignung an den Käufer) lehrt.

Welches rechtliche Interesse des Schuldners sollte stark genug sein, daß um seinetwillen dem Gläubiger sein einmal vollgültig begründetes Eigentum wieder abgesprochen werden müßte? Die Urkunde bescheinigt kein Recht mehr, bezeugt nur eine Tatsache der Vergangenheit, sie bestätigt auch nicht, daß der Gläubiger nunmehr nichts weiter zu fordern habe, — denn nur von dem ehemaligen Schuldscheine, nicht von der Quittung ist die Rede —; nicht einmal für den Fall, daß der ehemalige Gläubiger oder ein anderer auf Grund des Schuldscheins die Leistung zum zweiten Male fordern wollte, wäre der Schuldner besser gestellt, wenn er eine rei vindicatio auf Herausgabe des Schuldscheins hätte: seine Zahlung oder den sonstigen Erlöschungsgrund der Forderung müßte er so oder so beweisen.

Es fehlt also sowohl an theoretischen wie an Zweckmäßigkeitsgründen, die uns zwängen, das freiwillig aufgegebene Eigentum des Schuldners am Schuldscheine mit dem Wegfall der Forderung, der sich auch ohne das Zutun des Schuldners ereignen kann, wieder aufleben zu lassen. Vielmehr haben wir zu entscheiden, daß es auch nach dem Erlöschen der Forderung bei dem einmal erworbenen Eigentume am Papiere bleibt und der Schuldner sich mit dem persönlichen Anspruch auf Herausgabe der Urkunde (§ 371 BGB.) zu begnügen hat.

FSC
www.fsc.org
MIX
Papier | Fördert gute Waldnutzung
FSC® C083411

Kolibri 360 GmbH
Ferdinand-Jühlke-Straße 7
99095 Erfurt, Deutschland
produktsicherheit@kolibri360.de